Veröffentlichungen der
Carl Friedrich von Siemens Stiftung
Herausgegeben von
Heinz Gumin und Heinrich Meier

PIPER

Band 5
Einführung in den
Konstruktivismus

Zu diesem Buch

Die Vertreter des Konstruktivismus behaupten, die Wirklichkeit werde von den Menschen nicht gefunden, sondern vielmehr erfunden. Diese Annahme bedeutet, dass Erkenntnis der absoluten Wahrheit nicht möglich ist. In der europäischen Geistesgeschichte hat diese Auffassung eine lange Tradition. Das neue am Konstruktivismus ist, wie entschieden er über bloße Skepsis und Resignation hinausführt. Er will nachweisen, dass man auch ohne Anspruch auf das Erkennen einer absoluten Wahrheit Wissenschaft betreiben und sein Leben aktiv gestalten kann. In den Naturwissenschaften arbeitet man längst mit der »erfundenen Wirklichkeit«: mit Modellen, die Teile der Wirklichkeit darstellen und ersetzbar sind. Die Autoren dieses Bandes erläutern, wie konstruktivistisches Denken auch in anderen Wissenschaftszweigen Anwendung finden kann. Der Konstruktivismus stellt damit einen vielversprechenden Versuch dar, den Graben zwischen Natur- und Geisteswissenschaften zu überwinden. Beiträge aus den Bereichen Biophysik (Heinz von Foerster), Kybernetik (Ernst von Glaserfeld), Sozialwissenschaft (Peter M. Hejl), Literaturwissenschaft (Siegfried J. Schmidt) und Psychotherapie (Paul Watzlawick).

EINFÜHRUNG IN DEN KONSTRUKTIVISMUS

Beiträge von
Heinz von Foerster
Ernst von Glaserfeld
Peter M. Hejl
Siegfried J. Schmidt
Paul Watzlawick

Mit 15 Abbildungen

Piper München Zürich

Mehr über unsere Autoren und Bücher:
www.piper.de

Als Veröffentlichungen der Carl Friedrich von Siemens Stiftung liegen bei Piper vor:
Band 3: Zur Diagnose der Moderne
Band 5: Einführung in den Konstruktivismus
Band 8: Über die Liebe
Band 9: Der Tod im Leben
Band 10: Über das Glück

MIX
Papier aus verantwortungsvollen Quellen
FSC
www.fsc.org
FSC® C083411

Ungekürzte Taschenbuchausgabe
Piper Verlag GmbH, München
1. Auflage März 1992
14. Auflage Juli 2014

Umschlaggestaltung: semper smile, München
Umschlagabbildung: Images.com/Corbis
Papier: Pamo Super von Arctic Paper Mochenwangen GmbH, Deutschland
Gesamtherstellung: CPI books GmbH, Leck
Printed in Germany ISBN 978-3-492-21165-9

Inhalt

Editorische Vorbemerkung

Das vorliegende Buch ist erstmals 1985 im Rahmen der von Heinz Gumin und Armin Mohler herausgegebenen *Schriften der Carl Friedrich von Siemens Stiftung* im Oldenbourg Verlag erschienen. Es vereinigt die überarbeiteten und zum Teil erweiterten Beiträge einer Vortragsreihe, die die Carl Friedrich von Siemens Stiftung im Oktober 1984 in ihrem Haus in München-Nymphenburg veranstaltete. Konzipiert und organisiert wurde die Reihe von dem Historiker Armin Mohler, der zu jener Zeit die Stiftung leitete.

Unter dem allgemeinen Titel *Die erfundene Wirklichkeit / Einführung in den Konstruktivismus* hielten zunächst die in USA lehrenden Österreicher Heinz von Foerster (University of Illinois), Ernst von Glasersfeld (University of Georgia) und Paul Watzlawick (Stanford University) ihre Einzelvorträge, wobei die Diskussion mit dem Auditorium im Anschluß an die Vorträge von den drei Rednern jeweils gemeinsam bestritten wurde. In der zweiten Veranstaltungswoche sprachen mit Peter M. Hejl und Siegfried J. Schmidt vom Zentrum für Empirische Literatur- und Medienforschung der Universität Siegen zwei deutsche Vertreter des Konstruktivismus über dessen Anwendungsmöglichkeiten in der Literatur- und Sozialwissenschaft. Die Diskussionsleitung lag an allen fünf Abenden in den Händen von Hans G. Tillmann, Ordinarius für Phonetik und Sprachliche Kommunikation an der Ludwig-Maximilians-Universität München.

Die Texte des Bandes, der jetzt in einer Taschenbuchausgabe zugänglich gemacht wird, sind inhaltlich unverändert geblieben. Lediglich Setzfehler wurden korrigiert und Versehen beseitigt. Die Bibliographie, die Peter M. Hejl und Siegfried J. Schmidt zusammenstellten, ist von Peter M. Hejl für die Neuveröffentlichung durchgesehen und ergänzt worden.

ERNST VON GLASERSFELD

Konstruktion der Wirklichkeit und des Begriffs der Objektivität

La peste de l'homme c'est l'opinion de savoir.

Michel de Montaigne [1]

Daß es mit dem Begriff des Wissens, wenn man ihn etwas genauer betrachtet, als wir das im täglichen Gebrauch zu tun pflegen, gewisse Schwierigkeiten hat, haben bereits die Vorsokratiker festgestellt. Demokrit, zum Beispiel, erklärte schon im 5. Jahrhundert vor Christus, »daß wir nicht erkennen können, wie in Wirklichkeit ein jedes Ding beschaffen oder nicht beschaffen ist«.[2] Von Xenophanes, Alkmaion und Heraklit haben wir ähnliche Fragmente.[3]

In diesen ersten schriftlichen Aussagen über die Schranken des Wissens liegt, wie ein wehmütiger Schatten, das Gefühl der Unzulänglichkeit – als hätten die Götter den Menschen zwar Vernunft verliehen, doch nicht genug, um ein wahres Bild der Wirklichkeit zu gewinnen.

Die Skeptische Tradition

Die Situation ist jedoch noch ungemütlicher. Pyrrhons Schule, die mehr als ein halbes Jahrtausend später von Sextus Empiricus beschrieben und erläutert wurde, machte klar, daß es eben die Ver-

---

1 MONTAIGNE, Apologie de Raimond Sebond. In P. VILLEY (Hgb.), Les essais de Michel de Montaigne, II. Paris, 1922, S. 214.

2 Wilhelm CAPELLE, Die Vorsokratiker, Stuttgart, 1953; 4. Aufl., Fragment 10, S. 437; vgl. Hermann DIELS, Die Fragmente der Vorsokratiker, Hamburg, 1957, S. 101.

3 Vgl. CAPELLE (1953), S. 112.

nunft und nicht ihre Unzulänglichkeit ist, die zu der Überzeugung führt, daß der Erlebende niemals erkunden kann, inwieweit oder ob überhaupt das, was er erlebt, mit einer von ihm unabhängigen Welt übereinstimmt. Um da eine Übereinstimmung festzustellen oder zu prüfen, müßte das Erlebte ja mit der »Wirklichkeit« verglichen werden – und dieser Vergleich ließe sich nur machen, wenn man Erlebtes dem noch nicht Erlebten gegenüberstellen könnte. Der einzige Zugang zu noch nicht Erlebtem aber führt eben durch das Erleben, und darum läßt sich nie ermitteln, ob die Art und Weise des Erlebens das von der Wirklichkeit »Gegebene« vermindert oder verfälscht.

Descartes, der gegen die Nouveaux Pyrrhoniens auszog (Skeptiker unter seinen Zeitgenossen, die ganz besonders tätig waren und sogar die kirchliche Überlieferung in Frage stellten), war alles andere als erfolgreich. Er hoffte, dem Zweifeln ein Ende zu bereiten, indem er es unerbittlich bis auf den tiefsten Grund des Möglichen trieb. Unzweifelhaft blieb da aber nur eine einzige Feststellung: cogito ergo sum; oder, wie man es allgemeiner ausdrücken könnte: fraglos sicher ist für den Erlebenden nur, daß er erlebt. Alle Versuche, aus dieser einen Sicherheit des erlebenden Subjekts sicheres Wissen von der postulierten objektiven Welt abzuleiten, schlugen fehl. So hat Descartes, gegen seine eigentliche Absicht, zum Skeptizismus beigetragen und mußte sich letzten Endes mit der frommen Hoffnung trösten, Gott könne doch nicht so böswillig gewesen sein, den Menschen trügerische Sinne einzubauen.[4]

Bis zum Ende des 17. Jahrhunderts war es die Sinneswahrnehmung, die im Brennpunkt des Zweifels stand. Dann kam Berkeley, der den Glauben an die noch von Locke postulierte objektive Wirklichkeit der primären Eigenschaften (Masse, Form, Zahl, räumliche Lage und Bewegung) erschütterte;[5] und kurz darauf

---

4 Vgl. Richard Popkins hervorragenden Beitrag zur Geschichte des Skeptizismus, The History of Scepticism from Erasmus to Spinoza, Berkeley, California, 1979.

5 Daß der Begriff der Zahl das Resultat subjektiver Konstruktion ist, war bereits 20 Jahre vor der Veröffentlichung von Lockes Essays von Joannes Caramuel in seiner Mathesis biceps (Rom, 1670) überzeugend dargestellt worden.

kam Hume, der die Verbindung von Ursache und Wirkung, und somit alle kausale »Erklärung« von Vorgängen, auf die Assoziation des Erlebenden zurückführte. Damit war das herkömmliche Weltbild schon gehörig erschüttert, doch der Umsturz ging weiter. Schließlich wurde die Möglichkeit einer wahren Erkenntnis der Wirklichkeit von Kant sozusagen im Keim vernichtet, als er Raum und Zeit als Anschauungsformen des Erlebenden in den Bereich des subjektiv Phänomenalen rückte und somit alle Vorstellung oder gar Darstellung einer unverfälschten ontischen Wirklichkeit unmöglich machte.

Nicht nur die Eigenschaften der Dinge waren nun »Erzeugnis« des erlebenden Subjekts, sondern auch ihre Dinglichkeit, d. h. ihre Einheit und körperliche Ganzheit, sowie die Struktur der Wirklichkeit schlechthin. Denn »Struktur« ist für uns unvorstellbar, es sei denn als Anordnung in einem Netz von Beziehungen, von denen keine ohne räumliches Nebeneinander, zeitliches Nacheinander, oder beides, denkbar ist.

Wissen und Wissenschaft

Doch selbst Kant, der in der »Kritik der reinen Vernunft« die Grundlage jeder Hoffnung auf unverfälschte rationale Erkenntnis einer vom Erlebenden unabhängigen Welt zerstörte, konnte sich dem jahrtausendealten Mißverständnis des Wissensbegriffs nicht ganz entwinden. Dieses Mißverständnis war schon zur Zeit des Sokrates so tief verwurzelt und eingefleischt, daß eine Alternative weder möglich noch wünschenswert erschien. So ist es in der Tradition der Erkenntnislehre bis heute geblieben, und auch die schärfsten und passioniertesten Vertreter der Skepsis haben nichts daran geändert. Im Gegenteil, gerade dadurch, daß sie die Möglichkeiten sicheren Wissens von der Welt so erfolgreich bestritten, haben sie eher dazu beigetragen, den herkömmlichen Begriff des Wissens zu erhärten.

Was »Wissen« in der herkömmlichen Anschauung heißt und wie die Tätigkeit des »Erkennens« es hervorbringen soll, geht direkt auf die Vorstellung von der sinnlichen Wahrnehmung zurück, die bereits in einigen Fragmenten der Vorsokratiker vorgezeichnet ist.

In Platons »Theaithetos« wird diese Vorstellung dann von Sokrates mit großer Deutlichkeit ausgedrückt: »Wenn ich wahrnehme, nehme ich Etwas wahr – es ist unmöglich, wahrzunehmen, ohne daß da etwas wäre, das wahrgenommen wird; der Gegenstand, sei er nun süß, bitter oder von anderer Eigenschaft, muß Beziehung haben zu einem Wahrnehmer; ...«[6]

Damit ist das grundlegende Schema geschaffen, nach dem alle Wahrnehmung stattzufinden hat, und es erscheint so natürlich, so selbstverständlich, daß es beinahe unangefochten bis in unsere Tage überlebt. Hier die Welt der »ontischen« Dinge, die Kant »noumena« nannte, dort der Erlebende, der sie dank seiner Sinnesorgane »wahrnimmt«. Die Sinne werden als eine Art Nachrichtensystem betrachtet, das unterschiedliche Aspekte der ontischen Welt in das Bewußtsein des Erlebenden leitet. Die ersten Denker der Antike stellten sich diese »Nachrichten« als Miniaturbildchen vor; die heutigen Vertreter der realistischen Wahrnehmungslehre (z. B. Gibson[7]) sprechen von »Information«, die von den Sinnen aufgespürt und befördert wird. Freilich können weder die antiken noch die zeitgenössischen Realisten erklären, wie die Einfuhr dieser »Nachrichten«, von denen Kant so bündig sagte, daß kein Mensch sie jemals bekommen kann,[8] aus der Außenwelt der ontischen Dinge in die Innenwelt der Ideen bewerkstelligt werden könnte. Doch gleichgültig, was da vermittelt werden soll, mit dieser Vermittlerrolle der Sinnesorgane ist auch schon das ganze, unlösbare Problem der Wahrhaftigkeit in das Wahrnehmungsschema eingebaut, denn niemand wird je imstande sein, die Wahrnehmung eines Gegenstandes mit dem postulierten Gegenstand selbst, der die Wahrnehmung verursacht haben soll, zu vergleichen.[9]

---

6 Platon, Theaithetos (Stephanus-Ausgabe, Paris, 1578), S. 160.

7 J. J. Gibson, The ecological approach to visual perception. Boston, 1979.

8 Kant, Kritik der reinen Vernunft (2. Aufl., 1787). Akademie-Textausgabe, Bd. III, S. 461.

9 Vgl. Berkeley, Treatise concerning the Principles of Human Knowledge (1710), La Salle, Illinois, 1963; S. 33: ... an idea can be like nothing but an idea; a colour or figure can be like nothing but another colour or figure. If we look but never so little into our thoughts, we shall find it impossible for us to conceive a likeness except only between our ideas.

Die Unmöglichkeit dieses Vergleichs – und somit die Unmöglichkeit, die »Wahrheit« des durch die Sinne vermittelten Bildes der Wirklichkeit zu prüfen – hat den Erfolg des Begriffsschemas jedoch nicht vermindert. Nach wie vor gilt die Auffassung, daß der vernunftbegabte, erkenntnisfähige Organismus in eine bereits strukturierte Welt geboren wird und daß es darum zur Aufgabe des denkenden Menschen gehört, Struktur und Gesetze jener von ihm prinzipiell unabhängigen Welt zu »erkennen«. Das heißt, er muß den Entdecker spielen, und mögen seine Sinne auch unzuverlässig sein und seine Vernunft zu schwach und begrenzt, um alles zu verstehen, so soll sein unermüdliches Suchen und Denken doch allmählich zu einer Annäherung an ein »wahres« Weltbild führen. Wie diese Annäherung vor sich gehen soll und wie der Erkennende sich vergewissern könnte, daß er der Wahrheit tatsächlich näher kommt, wird nicht erklärt. Statt dessen wird zumeist auf die Wissenschaft verwiesen und behauptet, die bloße Tatsache, daß die Wissenschaft uns nach und nach Dinge ermöglicht, die vorher ausgeschlossen waren, belege den Fortschritt des Wissens hinreichend.

Das ist freilich ein gewichtiges Argument. Am Fortschritt der Wissenschaft läßt sich kaum zweifeln. Sie hat uns Mittel verschafft und Wege eröffnet zu Zielen, von denen man früher nicht einmal träumen konnte. Wir reisen um die Erde, über Wasser, unter Wasser und durch die Luft und fliegen sogar auf den Mond; wir hören und sehen fern; wir rechnen elektronisch, spalten Atome und sind gerade dabei, zu lernen, die Gene der Vererbung umzubauen. Was wunder also, wenn die modernen Wagner sagen: Heute wissen wir viel, morgen alles!

Ich will dieses Wissen, das wir da von Tag zu Tag vermehren, keineswegs herabsetzen. Ich bin ihm nicht nur zugetan, sondern ganz und gar verschrieben. Es ist ein wertvolles, bewundernswertes, zuweilen sogar lebenswichtiges Wissen – doch es ist ein »Wissen wie« und nicht das »Wissen was«, das die Erkenntnistheorien der Philosophen seit jeher zu erfassen suchten. Der Unterschied mag auf den ersten Blick trivial erscheinen und, ihm nachzuspüren, so sinnlos wie jene scholastische Streitfrage, ob oder wie viele Engel auf der Spitze einer Nadel tanzen könnten. Näher betrachtet jedoch entpuppt sich der Unterschied als ein grundsätzlicher, der, zumindest ungefähr, jenem zwischen den Begriffen »können« und »kennen« entspricht. Weitgehende Kontrolle über unsere Erlebenswelt gewonnen zu haben bedeutet nämlich keineswegs, daß wir in der Ontologie, d. h. in unserer Lehre von der absoluten, von uns unabhängigen Wirklichkeit, Fortschritte gemacht haben. Angesichts des herkömmlichen Wissensbegriffs klingt das freilich paradox, doch ich will nun versuchen, den Widerspruch zu beseitigen.

Der unbeliebte Instrumentalismus

Die Macht, die eingebürgerte Begriffe über unser Denken haben, läßt sich kaum überschätzen. Diese Macht ist um so größer, wenn es sich um Begriffe handelt, die mit dem tiefen, gefühlsbeladenen Egozentrismus des Menschen im Einklang stehen. Es war schon schwer, das Weltbild abzubauen, in dem die Erde im Mittelpunkt stand; noch schwerer ist es, den Glauben aufzugeben, daß da ein überweltlicher Leiter des Geschehens an unserem persönlichen Handeln und Schicksal Interesse findet und hier und dort beschützend eingreift; am schwersten jedoch wird es sein, ohne die Überzeugung auszukommen, daß die menschliche Vernunft, wenn sie nur richtig verwendet wird, früher oder später doch etwas von der wahren Beschaffenheit der ontischen Welt erfassen kann. Obschon die Skeptiker diese Möglichkeit unentwegt bestritten haben und der Glaube daran sich nicht frontal gegen ihre Argumente behaupten kann, hat man ihn dadurch zu verteidigen versucht, daß man die Alternative als »Solipsismus« bezeichnet und als absurd verwirft. Diese Taktik hat sich schon gegen Berkeley so gut bewährt, daß man ihn lange Zeit eher als einen kuriosen Spinner betrachtete denn als ernsten Epistemologen.[10] Doch wie, unter anderen, Karl Popper deutlich sah, war Berkeleys Beitrag zum Instrumentalismus unvergleichlich wichtiger als seine Auffassung

---

10 Dabei wurde freilich der Hinweis ignoriert, den Berkeley im Titel seines Werks, Treatise concerning the Principles of Human Knowledge (1710), gegeben hatte: Seine Abhandlung galt in erster Linie dem menschlichen Wissen und nicht der ontischen Welt als solcher.

von der Ontologie.[11] Die instrumentalistische Orientierung, nach der »Wissen« nicht ein Selbstzweck ist, sondern stets ein Mittel, zu Zielen zu gelangen, die der Erlebende sich jeweils selber wählt, diese Orientierung eröffnet nun einen Weg, das Paradoxon des Wissensbegriffs zu vermeiden.

In »Conjectures and Refutations« (1963) definiert Popper, was er »Instrumentalismus« nennt, anhand zweier Zitate, die aus der Zeit der kopernikanischen Revolution kommen und die den Kern des Begriffs sehr klar herausbringen. Das eine Zitat stammt aus dem Vorwort, das Andreas Osiander zu dem Werk »De revolutionibus« von Kopernikus schrieb:

»There is no need for these hypotheses to be true, or even to be at all like the truth; rather, one thing is sufficient for them – that they should yield calculations which agree with the observations.«[12]

Das zweite Zitat ist von Kardinal Bellarmino, einem der Inquisitoren im Prozeß gegen Giordano Bruno, und bezieht sich auf das Verfahren gegen Galilei:

»Galileo will act prudently ... if he will speak hypothetically, ex suppositione ...: to say that we give a better account of the appearances by supposing the earth to be moving, and the sun at rest, than we could if we used eccentricities and epicycles, is to speak properly; there is no danger in that, and it is all the mathematician requires.«[13]

Die »Gefahr«, die Bellarmino sah, lag in ontologischen Behauptungen, in der Vermessenheit des Forschers, entdecken zu wollen, wie die Welt in Wirklichkeit beschaffen ist. Solange Wissenschaftler sich darüber klar waren, daß ihre Beobachtungen, Messungen, Theorien und Vorhersagen sich auf Erscheinungen der Erlebenswelt bezogen, hatte die Kirche nichts einzuwenden. Das gefährliche Vergehen bestand darin, von den Phänomenen und den Theorien, mit denen man sie verkettete, auf die ontische Wirklichkeit schließen zu wollen. Die ontische Wirklichkeit war Sache des

---

11 Vgl. Karl Popper, Conjectures and Refutations. New York, 1963, S. 166ff.
12 Zitiert nach Popper (1963), S. 98.
13 Zitiert nach Popper (1963), S. 98, Anmerkung.

Glaubens – und die Kirche sah sich als einzige rechtmäßige Verwalterin aller absoluten Wahrheit und somit allen »objektiven« Wissens.

Eben weil die Quelle, aus der die Kirche ihre absolute Wahrheit bezog, Dogma und Glaube waren, hätte sie prinzipiell nichts gegen eine Wissenschaft gehabt, die ihre Theorien und Erfindungen rein instrumental betrachtete, als Hilfsmittel zur Lösung von Problemen in der diesseitigen Erlebniswelt der Sterblichen. Das ist, was Mersenne und Gassendi vorschlugen, um den Pyrrhonistischen Skeptizismus von Angriffen auf die kirchliche Überlieferung abzulenken. Im Gegensatz zu ihrem Zeitgenossen Descartes hatten sie begriffen, daß der Wert des wissenschaftlichen Wissens unmöglich auf bloßes Vertrauen in die Wahrhaftigkeit der Sinne gegründet werden konnte. Sie bemühten sich daher um die Ausarbeitung einer Epistemologie, die einerseits den Argumenten der Skeptiker Rechnung trug, andererseits aber die Funktion und Errungenschaften der Wissenschaft durch ihre instrumentale Wirksamkeit in der Erlebenswelt zu rechtfertigen trachtete.[14]

Popper übergeht dieses Kapitel in der Geschichte der Erkenntnislehre, denn für ihn ist das Funktionieren in der Erlebenswelt keine genügende Rechtfertigung des Wissens. Er kann die rationale Unerschließbarkeit der ontischen Welt nicht eingestehen. So macht er verzweifelte Bemühungen, zumindest ein Stückchen Realismus zu retten und das instrumentalistische Denken als Ketzerei an der menschlichen Vernunft zu entlarven. Obschon diese Bemühungen ihr Ziel nicht erreichen, sind sie außerordentlich instruktiv, denn sie bringen eben jene Trugschlüsse zutage, die aufgedeckt werden müssen, wenn man den Begriff des Wissens und Erkennens von den herkömmlichen Widersprüchen befreien will.

Es würde hier viel zu weit führen, alle Einzelheiten von Poppers Argumentation darzulegen und zu kritisieren. Ich beschränke mich darum auf den Punkt, der mir der wichtigste zu sein scheint, da er keineswegs nur bei Popper eine Rolle spielt. Wie viele an-

---

14 Vgl. Marin MERSENNE, La Verité des Sciences contre les Sceptiques ou Pyrrhoniens, Paris, 1625; sowie POPKIN, op. cit. und »Father Mersenne's war against Pyrrhonism«, Modern Schoolman, 1956–57, 34; 61–78.

dere Epistemologen, baut Popper auf die stillschweigende Voraussetzung, es sei da ein natürliches, selbstverständliches Verhältnis der Entsprechung zwischen den Phänomenen der Erlebenswelt und der postulierten ontischen Wirklichkeit, von der er annimmt, daß sie die Phänomene hervorruft oder verursacht.

Diese stillschweigende Voraussetzung nimmt nun aber die Lösung eben jenes Problems vorweg, das die Erkenntnislehre untersuchen soll.[15] Die »empirische« (d. h. erlebensmäßige) Tatsache, daß eine Theorie allen bisherigen Erfahrungen und Experimenten standgehalten hat, kann nie mehr beweisen als eben das, daß sie standgehalten hat; denn, wie die Skeptiker so unwiderleglich gezeigt haben, liegt die Prüfung einer Übereinstimmung von Phänomen und ontischer Wirklichkeit außerhalb der rational erfaßbaren Erlebenswelt.

Popper hat diesen Umstand, wenn nicht bewußt, so doch vielleicht intuitiv erfaßt, denn er führt in der Zusammenfassung seiner »Widerlegung« des Instrumentalismus nur ein einziges Argument an, und dieses Argument ist eher Rüge als Erwiderung:

»... we may say that instrumentalism is unable to account for the importance to pure science of testing severely even the most remote implications of its theories, since it is unable to account for the pure scientist's interest in truth and falsity.«[16]

Die Tatsache, daß viele heutige Wissenschaftler, was die Erkenntnislehre betrifft, noch tief im 19. Jahrhundert stecken und die Hoffnung nähren, durch ihre Forschung nach und nach ein absolut wahres Bild der Welt zu enthüllen, ist kaum ein Beweis dafür, daß so eine Möglichkeit besteht. Bisher hat noch niemand einen triftigen, logisch haltbaren Grund aufgezeigt, weswegen eine auf mehr oder weniger naivem Realismus fußende Hoffnung (von Wissenschaftlern oder anderen Denkern) die entscheidende Rolle in der Suche nach einer brauchbaren, widerspruchsfreien Erkenntnistheorie spielen sollte.

Der Grund, weswegen die meisten Erkenntnistheoretiker den

---

15 Vgl. Humberto MATURANA, Biology of cognition (BCL Report 9.0), Urbana, Illinois, 1970; S. 2.

16 POPPER (1963), S. 114.

Instrumentalismus ablehnen[17], ist zumindest zweifach. Zunächst ist da die Annahme, daß Instrumentalisten nach wie vor den Ausweg aus dem Erkenntnisproblem dadurch zu erschwindeln suchen, daß sie, wie Popper meinte, die Existenz der ontischen Welt einfach verleugnen. Zweitens ist da der bisher zweifellos berechtigte Vorwurf, daß die instrumentalistische Auffassung des Wissens den Begriff der »Objektivität« hinfällig macht. In den folgenden Abschnitten will ich versuchen, zuerst den einen und dann den anderen dieser Punkte aus der Perspektive des radikalen Konstruktivismus zu beleuchten und zu zeigen, daß die konstruktivistische Wissenstheorie, obschon sie durchaus instrumentalistisch ist, für beide Einwände eine Antwort hat.

Funktion statt Isomorphie

Die konstruktivistische Denkweise, mit deren Ausarbeitung ich mich in den letzten fünfzehn Jahren befaßt habe, setzt sich vor allem darin von der philosophischen Tradition ab, daß sie das herkömmliche Verhältnis zwischen der Welt der faßbaren Erlebnisse und der ontologischen Wirklichkeit durch ein anderes begriffliches Verhältnis ersetzt. Wo die Überlieferung, trotz Kant, zwischen Erlebnis und »Wirklichkeit« stets Gleichförmigkeit, Übereinstimmung oder zumindest Korrespondenz als natürliche und unerläßliche Voraussetzung betrachtete, postuliert der radikale Konstruktivismus die grundsätzlich andersartige Beziehung der Kompatibilität oder, wie ich sie in Anlehnung an den englischen Ausdruck nennen möchte, der Viabilität.[18]

Im Gegensatz zu der »ikonischen« Relation der Übereinstim-

---

17 Vgl. Paul Feyerabend, Realism and instrumentalism: Comments on the logic of factual support. In M. A. Bunge (Hgb.), The Critical Approach to Science and Philosophy. London, 1964.

18 Viability hieß ursprünglich die »Gangbarkeit« eines Wegs und wurde dann in der Entwicklungsgeschichte für die Überlebensfähigkeit von Arten, Individuen und Mutationen verwendet. Das ist genau der Sinn, in dem ich das Wort in der Epistemologie gebraucht habe. Der Zusammenhang soll weiter unten ausgeführt werden (siehe S. 23–27).

mung, die – auch wenn nur eine ungefähre Annäherung postuliert wird – begrifflich auf Isomorphie beruht, ist die Relation der Viabilität auf den Begriff des Passens im Sinne des Funktionierens gegründet. Das heißt, etwas wird als »viabel« bezeichnet, solange es nicht mit etwaigen Beschränkungen oder Hindernissen in Konflikt gerät.

Ein metaphorisches Beispiel mag den Unterschied greifbarer machen. Ein blinder Wanderer, der den Fluß jenseits eines nicht allzu dichten Waldes erreichen möchte, kann zwischen den Bäumen viele Wege finden, die ihn an sein Ziel bringen. Selbst wenn er tausendmal liefe und alle die gewählten Wege in seinem Gedächtnis aufzeichnete, hätte er nicht ein Bild des Waldes, sondern ein Netz von Wegen, die zum gewünschten Ziel führen, eben weil sie die Bäume des Waldes erfolgreich vermeiden. Aus der Perspektive des Wanderers betrachtet, dessen einzige Erfahrung im Gehen und zeitweiligen Anstoßen besteht, wäre dieses Netz nicht mehr und nicht weniger als eine Darstellung der bisher verwirklichten Möglichkeiten, an den Fluß zu gelangen. Angenommen der Wald verändert sich nicht zu schnell, so zeigt das Netz dem Waldläufer, wo er laufen kann; doch von den Hindernissen, zwischen denen alle diese erfolgreichen Wege liegen, sagt es ihm nichts, als daß sie eben sein Laufen hier und dort behindert haben. In diesem Sinn »paßt« das Netz in den »wirklichen« Wald, doch die Umwelt, die der blinde Wanderer erlebt, enthält weder Wald noch Bäume, wie ein außenstehender Beobachter sie sehen könnte. Sie besteht lediglich aus Schritten, die der Wanderer erfolgreich gemacht hat, und Schritten, die von Hindernissen vereitelt wurden.

Für uns, die wir dank unverminderter Sinne unsere Erlebenswelt auf Grund von unzähligen Versuchen, Mißerfolgen und Erfolgen mit tausenderlei von Hindernissen begrenzten Möglichkeiten möbliert haben, ist es außerordentlich schwer, uns in die Einfachheit der ursprünglichen Situation zurückzuversetzen: eine Situation, in der Erfahrungen einzig und allein in der Hinsicht auf ein erstes Ziel unterschieden werden konnten.

Wenn wir beginnen, unsere Erlebenswelt epistemologisch zu betrachten, wenn wir zum erstenmal fragen, was Wirklichkeit ist und was Illusion, haben wir schon lange gelebt und eine Vielfalt von Zielen zu erreichen gelernt. Philosophische Fragen tauchen selten vor der Pubertät auf. Das heißt aber, daß wir schon mindestens ein Jahrzehnt damit verbracht haben, unterschiedliche Wege miteinander zu verknüpfen und Hindernisse aufeinander zu beziehen. Kurz, wir leben in einer vieldimensionalen Welt, in der fast jeder Weg und fast jedes Hindernis von mehr als einem Gesichtspunkt aus bestimmt worden ist.

Die erlebte Umwelt

Die Metapher des Waldläufers sollte klarmachen, daß das, was ein außenstehender Beobachter dem Läufer als »Kenntnis des Waldes« zuschreiben möchte, vom Gesichtspunkt des Läufers aus nur aus den erfahrenen Folgen seiner Laufhandlungen bestehen kann. Das bedeutet nun aber, daß sein Begriff des Waldes, sofern er so einen Begriff geformt hat, ausschließlich aus Elementen besteht, die in seinem Bezugsschema negativ sind. Der »Wald« beginnt für den blinden Läufer, wo sein Laufen behindert oder vereitelt wird. Er erlebt den Wald sozusagen als die Gesamtheit jener Stellen eines Erlebensgebiets, die nicht begehbar sind, weil seinem Gehen da ein Hindernis entgegensteht (daher die ursprüngliche und durchaus buchstäbliche Bedeutung des Wortes »Gegenstand«). Solange Gehen die einzige Erfahrensdimension des Waldläufers ist, kann er Bäume, Steine, Wald, Boden und worauf sonst er stoßen mag, überhaupt nicht anders begreifen und beschreiben als in Ausdrücken des Widerstandes, des Gehemmtwerdens, des Scheiterns. Seine Erfahrung und die Kenntnis, die er aus ihr gewonnen hat, befähigen ihn zwar, immer sicherer, glatter und somit »besser« zu laufen, vermitteln ihm aber in keiner Weise ein Bild der Gegenstände, die seinem Laufen Schranken setzen. (Nur vom Gesichtspunkt eines Beobachters aus, der eine Vielfalt von dem Waldläufer unzugänglichen Erlebnisformen koordiniert, könnten diese Gegenstände unterschieden und in Klassen eingeteilt werden.)

Diese Einsicht ist nicht neu. Georg Simmel erklärte bereits 1895 in seinem bahnbrechenden Aufsatz »Über eine Beziehung der Selectionslehre zur Erkenntnistheorie«:

»Und wenn man, im Anschluß an seinen eigenen Ausdruck, Kants Lehre in den Satz zusammenfassen kann, die Möglichkeit des Erkennens erzeuge zugleich für uns die Gegenstände des Erkennens – so bedeutet die hier vorgeschlagene Theorie: die Nützlichkeit des Erkennens erzeugt zugleich für uns die Gegenstände des Erkennens.«[19]

Ein anderer Nachfolger Kants, Jakob von Uexküll, hat in seinen »Streifzügen durch die Umwelten von Tieren und Menschen« hervorragend dargestellt, daß die Vorstellung, die sich ein Organismus von seiner Umwelt aufbaut, nur aus Bausteinen bestehen kann, die der Organismus dank seiner Handlungen innerhalb seiner eigenen Erlebenswelt isoliert.[20]

Was ich hier jedoch besonders hervorheben will, ist, daß diese Bausteine, sofern sie aus Sinneseindrücken bestehen, zur ontischen »Umwelt« notwendigerweise in dem gleichen negativen Verhältnis stehen wie die Walderfahrungen unseres metaphorischen Läufers. Das heißt, unsere Sinnesorgane »melden« uns stets nur mehr oder weniger hartes Anstoßen an ein Hindernis, vermitteln uns aber niemals Merkmale oder Eigenschaften dessen, woran sie stoßen. Diese Eigenschaften stammen ganz und gar aus der Art und Weise, wie wir die Sinnessignale interpretieren. Anders ausgedrückt, unsere Sinnesorgane nehmen Unterschiede wahr, nicht aber »Dinge«, die sich als solche von anderen unterscheiden ließen.[21] »Dinglichkeit«, ganz abgesehen von der qualitativen Eigenart der Gegenstände, ist ja, wie Kant klargemacht hat, von unserer räumlichen Anschauung abhängig und darum ein Produkt unserer intrinsischen Art und Weise, wahrzunehmen.

Wie der blinde Wanderer seine Vorstellung von der Umwelt nur aus den Endpunkten aufbauen konnte, die seine Bewegungsfrei-

---

19 Georg Simmel, Über eine Beziehung der Selectionslehre zur Erkenntnistheorie, Archiv für systematische Philosophie, 1895, 1, S. 45. (Den Hinweis auf Georg Simmels erkenntnistheoretische Schriften verdanke ich Donald Campbells Aufsatz über Evolutionary Epistemology, 1974.)

20 Jakob von Uexküll und Georg Kriszat, Streifzüge durch die Umwelten von Tieren und Menschen (1934). Frankfurt a. M., 1970.

21 Obschon Gregory Bateson und Heinz von Foerster von weit voneinander entfernten Ausgangspunkten starteten, sind sie beide zu dem Schluß gekommen, daß »Sinneswahrnehmungen«, gleichgültig wie »qualitativ« sie uns erscheinen mögen, stets subjektive Interpretationen von quantitativen Unterschieden sind.

heit beschränken, so bauen wir unser »Weltbild« aus Signalen auf, deren Ursprung wir uns ebenfalls nur in Berührungen mit Hindernissen der Umwelt vorstellen können. Wie diese Signale dann zu »Gegenständen« verbunden werden, hängt keineswegs nur davon ab, welche Signale unsere Sinnesorgane eben erzeugen. Im Gegenteil, eine genauere Untersuchung, sei sie introspektiv oder experimentell, zeigt, daß wir nie alle vorhandenen Signale verwenden, sondern durch unsere Aufmerksamkeit stets eine relativ kleine Anzahl auswählen und diese Auswahl zudem durch die Vergegenwärtigung erinnerter Wahrnehmungen (die im Augenblick nicht von den Sinnesorganen spontan erzeugt werden) je nach Bedarf ergänzen. Der »Bedarf« wird dabei durch den Zusammenhang des Handelns bestimmt, in dem wir uns gerade befinden; und dieser jeweilige Zusammenhang erfordert nie, daß wir die »Umwelt« so sehen, wie sie »in Wirklichkeit« ist (was wir ja ohnedies nicht könnten), sondern er verlangt nur, daß das, was wir wahrnehmen, uns zu erfolgreichem Handeln befähigt. Das ist der Grund, weswegen auch schon auf dem Gebiet der Wahrnehmung der Begriff des Passens weitaus zutreffender erscheint als jener der ikonischen Übereinstimmung. Vom Gesichtspunkt des Handelnden ist es irrelevant, ob seine Vorstellungen von der Umwelt ein »wahres« Bild der ontischen Wirklichkeit darstellen – was er braucht, ist eine Vorstellung, die es ihm erlaubt, Zusammenstöße mit den Schranken der Wirklichkeit zu vermeiden und an sein Ziel zu kommen.

Die Umstellung von der herkömmlichen Auffassung, die das Ziel von Wahrnehmung, Erkenntnis und Wissenschaft in einer möglichst »wahrheitsgetreuen« Darstellung der »Wirklichkeit« sieht, zu einer instrumentalen Anschauung, die von Wahrnehmungen, Begriffen und Theorien nur Viabilität, also Brauchbarkeit, im Bereich der Erlebenswelt und des zielstrebigen Handelns verlangt, diese Umstellung ist im Grunde begrifflich sehr einfach; doch es bereitet erstaunliche Schwierigkeiten, diese Umstellung im eigenen Denken konsequent durchzuführen. Wird sie aber durchgeführt, dann reichen ihre Auswirkungen bis in die entferntesten Winkel unserer gewohnten Auffassungen – und jahrtausendealte Denkgewohnheiten abzuändern oder aufzugeben erfordert wahrlich gewaltige Anstrengungen.

Da mag man nun fragen, ob es der Mühe wert ist, derartige Anstrengungen zu machen. Ich kann nur darauf hinweisen, daß, angesichts des Bankrotts der konventionellen Erkenntnislehre, wenig Hoffnung besteht, im Rahmen der konventionellen Begriffe einen Ausweg aus dem Dilemma zu finden. Darum mag es sich schon lohnen, den mühsamen Versuch mit einem ungewohnten Begriff zu unternehmen. So ein Versuch wird aber erst möglich, wenn der neue Begriff von allem Anfang an sinngemäß interpretiert wird.

Auslese und Viabilität

Zum Glück ist nun der Begriff der Viabilität gar nicht so erschrekkend neu. Ebenso wie er zumindest implizit schon in Bellarminos Warnung an Galilei steckte, ist er in den Grundfesten von Darwins Evolutionstheorie enthalten. Da diese Theorie zumindest scheinbar nicht ganz so »abstrakt« ist wie eine Theorie der Erkenntnis, läßt sich der Begriff der Viabilität in der Entwicklungsgeschichte anschaulicher illustrieren.

Die drei Faktoren, die Darwin in seiner Theorie vorwiegend für Evolution verantwortlich machte, sind Variation (Merkmalsänderungen), natürliche Auslese und Anpassung. Der erste Faktor, die Variabilität dessen, was vererbt wird, ist relativ unproblematisch und wird, meines Wissens, von niemandem in Frage gestellt. »Veränderlichkeit« heißt in diesem Zusammenhang nicht mehr und nicht weniger, als daß im Vervielfältigungsmechanismus der Vererbung Fehler unterlaufen. Prinzipiell sollte die Erbmasse, d. h. alles, was als erbliches Merkmal oder Eigenschaft bezeichnet wird, von der Elterngeneration zur nächsten stets gleich bleiben. Das ist aber nicht der Fall, weil Mutationen und Unregelmäßigkeiten in der Zellteilung die genaue Wiedergabe stören. Diese Störungen werden als zufällig betrachtet und die Veränderungen, die sie verursachen, darum als unsystematisch und unvorhersehbar. Trotz ihrer Planlosigkeit liefern diese Veränderungen aber das Rohmaterial, auf das die »natürliche Auslese« dann einwirkt.

Im Gegensatz zum ersten Faktor ist der zweite, die Auslese, oft und drastisch mißverstanden worden. Einerseits hat man da den wichtigen Unterschied zwischen natürlicher Auslese und Zuchtwahl verwischt (zuweilen sogar absichtlich, wie etwa seinerzeit im Social Darwinism); andererseits wird heute im Rahmen der Soziobiologie oft der schwerwiegende logische Fehler gemacht, die Auslese als wirkende Ursache der Evolution hinzustellen. Diese beiden Mißverständnisse richtigzustellen ist ein guter Weg, den Viabilitätsbegriff zu klären und greifbar zu machen.

Der Unterschied zwischen natürlicher Auslese durch die Umwelt und künstlicher Auslese durch Zucht ist nicht schwer zu ermitteln. Der Besitzer eines Rennstalls, zum Beispiel, bemüht sich, möglichst schnelle Pferde zu züchten. Seine Methode besteht darin, daß er jeweils nur den schnellsten Individuen ihrer Generation erlaubt, sich fortzupflanzen. Insofern Vererbung für die Schnelligkeit von Pferden verantwortlich ist, gelingt es ihm auf diese Weise, mit der Zeit die erblichen Merkmale, die das Laufen behindern, aus dem Erbgut seines Bestandes zu eliminieren und jene am Anfang vielleicht nur ausnahmsweise vertretenen Merkmale, die schnelles Laufen fördern, in seinem Bestand zu verbreiten. Dadurch erhöht er die Wahrscheinlichkeit, daß mehrere dieser »positiven« Merkmale in einzelnen Pferden zusammenkommen und daß diese Individuen nun schneller laufen als ihre Vorfahren. Die Methode zielt auf Optimalisierung und kann sie, zumindest bis zu einem gewissen Grad, auch erreichen.

In der natürlichen Auslese liegen die Dinge anders. Wenn Pferde in einer Umwelt leben, in der sie durch schnelles Laufen den lebensgefährlichen Angriffen von Raubtieren entkommen können, dann wird diese Umwelt dafür sorgen, daß Individuen mit ungenügender Lauffähigkeit zumeist eliminiert werden, bevor sie ihre erblichen Merkmale durch Fortpflanzung an die nächste Generation weitergeben. Auch das führt mit der Zeit zu einer »Verschnellerung« der Herde.

Der Unterschied besteht nun darin, daß die natürliche Auslese gegen jene Individuen wirkt, die den Bedingungen der Umwelt nicht gewachsen sind, während die künstliche Zuchtwahl stets Individuen auswählt, die allen anderen in einer bestimmten Hinsicht überlegen sind. Man könnte also sagen: Die natürliche Auslese arbeitet gegen Unzulänglichkeit, die künstliche hingegen will Überlegenheit schaffen.

Der Begriff der Viabilität verkörpert in diesem Zusammenhang das Gegenteil der Unzulänglichkeit, schließt aber niemals das Ziel der Überlegenheit ein. Ein Organismus ist »viabel«, solange es ihm gelingt, in seiner Umwelt zu überleben und sich fortzupflanzen. Im Beispiel der wilden Pferde heißt das nun aber keineswegs, daß Viabilität unbedingt eine Sache des Laufens ist. Ein Hengst, der es gelernt hat, sich mit seinen Vorderhufen erfolgreich gegen Raubtiere zu verteidigen, ist im Bezug auf den Raubtieraspekt seiner Umwelt ebenso viabel wie seine Artgenossen, die erfolgreich flüchten.

Damit ist nun klar, daß Viabilität sich immer und ausschließlich nur auf die Fähigkeit bezieht, innerhalb der Bedingungen und trotz der Hindernisse zu überleben, welche die Umwelt oder »Wirklichkeit« dem Organismus als Schranken in den Weg stellt. Andererseits aber bedingt der Begriff der Viabilität nie eine im vorhinein bestimmte Art und Weise, wie der Organismus dieses Überleben erreichen soll. Wie Organismen es fertigbringen, das Leben ihrer Art innerhalb der Umweltbedingungen zu erhalten, ist völlig gleichgültig – solange sie dieses Leben erhalten, sind sie lebensfähig und somit viabel. Ein Blick auf die Tierwelt genügt, um zu sehen, daß die Viabilität der Merkmale da seltsame und ganz unvorhersehbare Mittel und Wege entwickelt hat.

Der Ursprung dieser Mittel und Wege liegt, laut Evolutionstheorie, in den zufälligen Unregelmäßigkeiten des Vererbungsmechanismus. Darum ist es logisch unhaltbar, in diesen spezifischen Mitteln und Wegen nun »Wirkungen« der »Ursache« Umwelt sehen zu wollen, und es ist nicht nur irreführend, sondern geradezu gefährlich, wenn Soziobiologen behaupten, diese oder jene Eigenschaft eines Lebewesens sei auf einen bestimmten »Druck« der Umwelt zurückzuführen. Die Eigenschaften oder Verhaltensweisen von Lebewesen, die wir heute beobachten, sind die Verwirklichung einer von den prinzipiell unzähligen Möglichkeiten, sich in der Umwelt und im Wandel der Umwelten zu behaupten, doch es ist nie die Umwelt, die bestimmt, wie das zu bewerkstelligen wäre.

Die Mißverständnisse im Rahmen der Evolutionstheorie wurden zum Teil von Darwin selbst heraufbeschworen. Einige der sprachlichen Ausdrücke, die er lancierte, waren und sind irreführend. Colin Pittendrigh spricht von »dem unglücklichen Zufall, daß Darwin selber die Termini ›Kampf ums Dasein‹ und ›Überleben des Tüchtigsten‹ als gängige Klischees für den Vorgang der natürlichen Auslese geprägt hat, obschon er selbst, zumindest zeitweise, diesen Vorgang ganz klar als differentielle Fortpflanzung erkannte.«[22]

Auch in bezug auf den Begriff der »Anpassung« haben die erwähnten Mißverständnisse Auswirkungen. Wer statt der einfachen Lebensfähigkeit oder Viabilität den Superlativ des »Tüchtigsten« einsetzt, kommt ganz unvermerkt zu der Überzeugung, daß »Anpassung« auch im Bereich der Evolution eine Tätigkeit der Lebewesen sei. Vom Gesichtspunkt der klassischen Evolutionstheorie ist das jedoch grundsätzlich ausgeschlossen, weil Veränderungen des Genotyps (d. h. der Gesamtheit der erblichen Merkmale) einzig und allein auf zufällige Variationen zurückgeführt werden können und nicht auf Einflüsse der Umwelt oder individuelles Lernen.[23]

Wenn man ein Lebewesen »angepaßt« nennt, so kann das vom darwinistischen Standpunkt aus nicht mehr bedeuten, als daß es sich bisher als lebensfähig erwiesen hat, also viabel ist. Weder das Lebewesen selbst noch die Art, der es angehört, hat diese Lebensfähigkeit verursacht, denn sie beruht einzig und allein auf der Geschichte der zufälligen Mutationen, welche diesem Lebewesen Merkmale verliehen hat, die es bisher viabel gemacht haben. »Angepaßt sein« heißt also eigentlich nicht mehr, als überlebt zu haben; jeder Organismus und jede Art, die wir heute lebendig vorfinden, ist darum eo ipso angepaßt.

Von diesem evolutionären Begriff der genetischen Anpassung unterscheidet sich nun der Begriff der individuellen oder ontogenetischen Anpassung dadurch, daß der einzelne Organismus im Laufe seines Lebens alles mögliche lernen kann, um seine Lebensfähigkeit zu fördern. Der Unterschied rührt im Grunde daher, daß

---

22 Colin Pittendrigh, Adaptation, natural selection, and behavior. In A. Roe und G. G. Simpson (Hgb.), Behavior and evolution, New Haven, Connecticut, 1958, S. 390–416.

23 Ich will betonen, daß es mir hier nur um die Klärung des Begriffs geht und keineswegs darum, in der gegenwärtigen Diskussion über mögliche oder unmögliche Abweichungen von der neodarwinistischen Theorie Stellung zu nehmen.

im Bereich der Evolution nur das als »Fehler« bezeichnet werden kann, was zum Aussterben des Organismus oder zur Verminderung seiner Fortpflanzung führt, während das Individuum Fehler machen und aus ihnen, solange sie nicht tödlich sind, angemessenere oder vorteilhaftere Handlungsweisen ableiten kann.

Evolutionäre Epistemologie

Gelernte Anpassung spielt eine außerordentlich wichtige Rolle, wenn wir den Begriff der Viabilität nun in die Epistemologie übertragen. Donald Campbell, der versierteste und energischste Vertreter einer evolutionären Erkenntnislehre in den Vereinigten Staaten, hat schon vor vielen Jahren vorgeschlagen, den Vorgang der »blinden Variation«, analog den zufälligen Mutationen in der Biologie, als Quelle des schöpferischen Denkens zu betrachten. Campbell hat diese Idee dann ausgearbeitet und mit dem grundlegenden Verfahren der Induktion verknüpft. Insofern es sich um Entwicklung biologischer Strukturen handelt, spricht er da durchwegs von »increases of fit of systems to environment« (zunehmendes Passen des Organismus in seine Umwelt).[24] Obschon er den Ausdruck nicht verwendet, scheint mir der Begriff der »Viabilität« mit Campbells Ausführungen durchaus vereinbar zu sein.

Was jedoch die Entwicklung kognitiver Strukturen betrifft, vermeidet Campbell es, den Begriff des Passens für das konventionelle Verhältnis von Wissen und Wirklichkeit einzusetzen. So sagt er, zum Beispiel, daß seine Theorie einen Vorgang behandelt, durch den der Organismus sich einer unabhängigen Umwelt anpaßt oder Wissen von ihr gewinnt.[25] Die Erwähnung einer vom erlebenden Organismus »unabhängigen« Umwelt und eines Wissens »von« dieser Umwelt zeigt die grundlegende erkenntnistheoretische Anschauung, die Campbell auch anderwärts stets vertritt und die mit der Popperschen übereinstimmt. Beide Autoren be-

---

24 Donald Campbell, Blind variation and selective retention in creative thought as in other knowledge processes. Psychological Review, 1960, 67, S. 380.

25 Ebenda, S. 397.

stehen darauf, daß es unerläßlich sei, in der Erkenntnislehre »über die Daten hinauszugehen« und nicht nur eine »wirkliche« Welt vorauszusetzen, sondern auch die Möglichkeit, diese wirkliche Welt zu erkennen und so »Wissen von ihr« zu gewinnen.[26]

Ebenso wie Popper den Instrumentalismus ausgezeichnet definiert und erklärt, ihn dann aber auf Grund von Argumenten ablehnt, die keineswegs überzeugen, so baut Campbell eine Epistemologie auf Variation, Auslese und Anpassung, widerspricht aber dann am Ende dem evolutionären Prinzip, indem er vom Wissen verlangt, daß es nicht nur in die Wirklichkeit passe, sondern diese Wirklichkeit auch durch eine Art kognitiver Spiegelung erkenne. Weder Popper noch Campbell will der opinion de savoir entsagen, jener Ansicht, die Montaigne »des Menschen Seuche« nannte.

Die tiefe Überzeugung, daß Wissen nur dann Wissen ist, wenn es mit einer an sich vom Erlebenden unabhängigen Welt »wahrheitsgetreu« übereinstimmt, diese Überzeugung wäre ausgeschlossen, wenn da nicht auch die ebenso tiefe, stillschweigende Voraussetzung gemacht würde, daß eine dauerhafte, mehr oder weniger fest strukturierte Welt bereits an sich und für sich »existiert«, eine Welt, die unsere Erlebnisse bestimmt und darum der eigentliche Gegenstand unserer Erkenntnis sein muß. In diesem herkömmlichen Begriffsschema ist Erkennen ebenso wie Wahrnehmen eine »von außen« verursachte, transitive Tätigkeit, die von einem Subjekt ausgeführt wird, aber zudem ein bereits vorhandenes Objekt benötigt, das »erkannt« oder »wahrgenommen« werden kann.

Solange wir diese Vorstellung von der Erkenntnis beibehalten, können wir offensichtlich nicht ohne Ontologie auskommen, denn ohne ontische Strukturen, Beziehungen und Dinge gäbe es da ja nichts zu erkennen. Freilich trägt unsere Sprache, die in Jahrhunderten des naiven Realismus geformt wurde, dauernd dazu bei, den Glauben an eine bereits strukturierte Welt zu bestärken. Andererseits aber haben die Skeptiker klargemacht, daß ontische Ge-

---

26 Donald Campbell, Evolutionary epistemology. In P. A. Schilpp (Hgb.), The philosophy of Karl Popper, La Salle, Illinois, 1974, S. 449.

genstände, selbst wenn sie existieren, grundsätzlich unerkennbar wären. So verstrickt man sich immer wieder in das gleiche, alte Problem der Westlichen Epistemologie: erkennen zu wollen, was außerhalb der Erlebenswelt liegt. Das Problem ist unlösbar, aber es ist nicht unvermeidlich.

Der konstruktive Vorschlag

Der Begriff der Viabilität bietet einen Weg, das herkömmliche Wissensproblem zu umgehen. Dieser Weg beruht auf einer radikalen Umgestaltung des Verhältnisses zwischen Wissen und Wirklichkeit. Schon in den dreißiger Jahren hat Piaget erklärt, daß die kognitiven Strukturen, die wir »Wissen« nennen, nicht als »Kopie der Wirklichkeit« verstanden werden dürfen, sondern vielmehr als Ergebnis der Anpassung.[27] Ein wenig später hat Silvio Ceccato im Rahmen der Forschungsgruppe, aus der dann das erste italienische Zentrum für Kybernetik hervorging, gegen die »Verdoppelung des Objekts« Stellung genommen. Er wies darauf hin, daß Wahrnehmung und Erkenntnis unter keinen Umständen ontische Objekte widerspiegeln und darum als »kreative« Tätigkeiten zu betrachten sind.[28] Die Zeitwörter der Wahrnehmung und der Kognition, erklärte er, drücken Begriffe von Handlungen aus, bei denen das Objekt als Folge des Handelns entsteht. Ein Bild, das wir sehen, ist nicht weniger das Ergebnis eigener Handlungen als ein Bild, das wir malen, ein Loch, das wir graben, oder ein Haus, das wir bauen.

Diese konstruktivistische Auslegung geht direkt auf den Neapolitaner Philosophen Giambattista Vico zurück, der bereits 1710 in seiner wenig bekannten erkenntnistheoretischen Abhandlung schrieb:

»...wenn die Sinne (aktive) Fähigkeiten sind, so folgt daraus, daß wir die Farben machen, indem wir sehen, die Geschmäcke,

---

27 Jean Piaget, La construction du réel chez l'enfant. Neuchâtel, 1937.

28 Ceccato hat seine sprach- und erkenntnistheoretischen Untersuchungen nur spärlich veröffentlicht und erst zwei Jahrzehnte später in zwei Bänden unter dem Titel Un tecnico fra i filosofi (Padua, 1962/64) zusammengefaßt.

indem wir schmecken, die Töne, indem wir hören, das Kalte und Heiße, indem wir tasten.«[29]

Wahrnehmung und Erkenntnis wären demnach also konstruktive und nicht abbildende Tätigkeiten. Diese Hypothese wirft freilich sofort die Frage nach der Beziehung auf, die zwischen den Ergebnissen der konstruktiven Tätigkeit und der ontischen Welt bestehen muß. Da wir ja nur zu gut wissen, daß in unserer Erlebenswelt Dinge, Zustände und Verhältnisse keineswegs immer so sind, wie wir sie haben möchten, können wir uns kaum in jenen Solipsismus flüchten, wonach nur das existiert, was wir uns vorstellen. Das ist nun aber der Punkt, wo der Begriff der Viabilität einen Ausweg schafft. Statt einer ikonischen Beziehung der Übereinstimmung oder Widerspiegelung können wir hier die Beziehung des Passens einsetzen. Das heißt, daß wir in der Organisation unserer Erlebenswelt stets so vorzugehen trachten, daß das, was wir da aus Elementen der Sinneswahrnehmung und des Denkens zusammenstellen – Dinge, Zustände, Verhältnisse, Begriffe, Regeln, Theorien, Ansichten und, letzten Endes, Weltbild –, so beschaffen ist, daß es im weiteren Fluß unserer Erlebnisse brauchbar zu bleiben verspricht.

»Brauchbar« oder »viabel« aber nennen wir in diesem Zusammenhang eine Handlungs- oder Denkweise, die an allen Hindernissen vorbei (den ontischen wie den aus der Handlung selbst erwachsenden) zum erwünschten Ziel führt.

Wer den Unterschied zwischen diesem Begriff des Passens und jenem der Übereinstimmung erfaßt hat, wird nicht mehr der Illusion verfallen, daß die »empirische« (d. h. erlebensmäßige) Bestätigung eine Hypothese oder der Erfolg einer Handlungsweise Erkenntnis einer objektiven Welt bedeuten. Die ontische Welt beginnt ja eben dort, wo das, was wir als Handeln erleben, behindert wird oder scheitert. Der Handelnde neigt freilich stets dazu, den Widerstand, der sein Handeln behindert oder vereitelt, als selbständigen »Gegenstand« zu deuten und zu beschreiben; doch was er da deutet und beschreibt, sind stets Phasen seines eigenen Han-

---

29 Giambattista Vico, De antiquissima Italorum sapientia (1710). Neapel, 1858; Kapitel VII, § 3.

delns, und die Begriffe, die er zur Deutung oder Beschreibung verwendet, sind Begriffe, die ausschließlich im Laufe seines Erlebens und Handelns aufgebaut wurden und deren Bestandteile nirgends anders als in der eigenen Erlebenswelt gefunden und geformt werden konnten. Die Welt der objektiven Hindernisse, der ontischen Schranken, zwischen denen wir handeln, erleben und zuweilen unsere Ziele erreichen, bleibt grundsätzlich unzugänglich und unbeschreibbar. Wer meint, an den Grenzen seiner Bewegungsfreiheit die ontische Wirklichkeit zu erkennen, ist ebenso irregeführt wie ein Autofahrer, der die Stelle, wo ihm das Benzin ausgeht, für das Ende der Straße hält.

Stufen der Wirklichkeit

Der zweite Einwand gegen instrumentalistische Wissenstheorien – und somit gegen den radikalen Konstruktivismus – rührt, grob gesagt, aus der folgenden Überlegung: Wenn von den kognitiven Strukturen, die wir als »Wissen« betrachten, nicht mehr verlangt wird, daß sie mit einer absoluten, ontischen Wirklichkeit übereinstimmen, und wenn sie lediglich auf Grund ihrer instrumentalen Funktion bewertet werden, so heißt das, daß man den Begriff der »Objektivität« aufgegeben hat.

»Objektive« Erkenntnis, laut unserer abendländischen Überlieferung, hieße ein Objekt so kennen, wie es wäre, bevor es in dem Erlebensbereich eines erkennenden Subjekts erscheint.[30] Obschon das Paradoxon dieser Forderung schon von den Vorsokratikern aufgedeckt worden war, halten Philosophen nach wie vor an der Auffassung fest, daß es unter allen Umständen nur ein wahres Wissen geben kann, denn verschiedene kognitive Strukturen könnten ja niemals ein und denselben »wirklichen« Sachverhalt wahrheitsgetreu widerspiegeln.

Der radikale Konstruktivismus setzt sich ausdrücklich von die-

---

30 Heinz von FOERSTER hat das brillant in dem Satz ausgedrückt: »Objectivity is a subject's delusion that observing can be done without him.« (Objektivität ist die Wahnvorstellung eines Subjekts, daß es beobachten könnte ohne sich selbst.)

ser Annahme ab. Da Wissen für den Konstruktivisten nie Bild oder Widerspiegelung der ontischen Wirklichkeit darstellt, sondern stets nur einen möglichen Weg, um zwischen den »Gegenständen« durchzukommen, schließt das Finden eines befriedigenden Wegs nie aus, daß da andere befriedigende Wege gefunden werden können. Darum kann, vom konstruktivistischen Gesichtspunkt aus, auch nie ein bestimmter gangbarer Weg, eine bestimmte Lösung eines Problems oder eine bestimmte Vorstellung von einem Sachverhalt als die objektiv richtige oder wahre bezeichnet werden.

Dennoch will auch der Konstruktivist zwischen »Illusion« und »Wirklichkeit«, zwischen »subjektivem« und »objektivem« Urteil unterscheiden. Da dies aber nun nicht durch Berufung auf eine ontologisch begründete Welt gemacht werden kann, müssen diese Unterscheidungen aus dem Aufbau der Erlebenswelt hervorgehen.

Grundlegend für diesen Aufbau – genauer gesagt, für ein Modell dieses Aufbaus – ist zunächst die Fähigkeit des kognitiven Subjekts, den Fluß seines Erlebens zu unterbrechen und die Stücke, die durch solche Unterbrechungen entstehen, reflektiv zu betrachten. Wilhelm von Humboldt hat das vor beinahe zweihundert Jahren besser gesagt als viele spätere Denker:

»Um zu reflectieren, muß der Geist in seiner fortschreitenden Thätigkeit einen Augenblick still stehn, das eben Vorgestellte in eine Einheit fassen, und auf diese Weise, als Gegenstand, sich selbst entgegenstellen.

Die Einheiten, deren er auf diesem Wege mehrere bilden kann, vergleicht er wiederum unter einander, und trennt und verbindet sie nach seinem Bedürfnis.«[31]

Vergleiche liefern Unterscheidungen oder Gleichheiten und Invarianten; der Begriff der »Invarianten« schließt bereits das Erleben von Wiederholung ein – und Wiederholung ist der grundlegende Baustein der erlebten Wirklichkeit. Je nachdem, was da als wiederholt erlebt wird, bilden sich Stufen der Wirklichkeit. Ein

---

31 Wilhelm von Humboldt, Über Denken und Sprechen (1795/1796). In Werke, Bd. 7, 2, Berlin, 1907; S. 581.

Farbfleck, der nur als momentaner Eindruck in meinem Blickfeld erscheint und sich nicht mehr sehen läßt, wird zumeist als visuelle Fehlleistung oder Illusion verworfen und nicht als »wirklich« registriert. Läßt er sich jedoch wiederholen, so gewinnt er Realität, und wenn der visuelle Eindruck sich gar mit einem Eindruck anderer Art, z. B. des Tastsinns oder des Gehörs, koordinieren und koordiniert wiederholen läßt, dann werde ich dieses kombinierte Erlebnis wohl oder übel als Wirklichkeit buchen. Je verläßlicher die Wiederholung so eines Erlebnisses sich heraufbeschwören läßt, um so solider wird der Eindruck seiner Wirklichkeit.

In dieser Konstruktion der Wirklichkeit gibt es viele kleine Stufen und Nuancen, und durchwegs spielt die Möglichkeit des Koordinierens und Wiederholens eine ausschlaggebende Rolle. Doch was da aufgebaut wird, ist offensichtlich nie mehr als die Erlebenswelt des einzelnen Subjekts.

Das Erleben der anderen

Was wir zumeist als »objektive« Wirklichkeit betrachten, entsteht in der Regel dadurch, daß unser eigenes Erleben von anderen bestätigt wird. Dinge, die nicht nur von uns, sondern auch von anderen wahrgenommen werden, gelten ganz allgemein, d. h. im Alltagsleben wie auch in der Epistemologie, als real. Intersubjektive Wiederholung von Erlebnissen liefert die sicherste Garantie der »objektiven« Wirklichkeit. Man könnte sagen, das herkömmliche Weltbild ist durch und durch auf das demokratische Prinzip gegründet. Für Realisten ist das ebenso einfach wie einleuchtend. Vom konstruktivistischen Gesichtspunkt aus ist es jedoch keineswegs selbstverständlich, denn es scheint ja die ontische »Existenz« von anderen Erlebenden stillschweigend vorauszusetzen. Will der Konstruktivist konsequent bleiben (in seiner Behauptung, daß die Struktur der Umwelt, in der wir uns befinden, durch unsere Art und Weise des Erlebens und durch unsere begriffliche Einteilung entsteht), so muß er auch erklären, wie es dazu kommt, daß diese Umwelt auch von anderen bevölkert ist, die eine erstaunlich ähnliche Erlebenswelt zu haben scheinen.

In diesem Zusammenhang ist es nun wieder von größter Wichtigkeit, an die unbedingte Voraussetzung zu erinnern, daß der radikale Konstruktivismus eine Theorie des Wissens sein will und nicht eine Theorie des Seins. Es geht also um das Phänomen des »Anderen« in der subjektiven Erlebenswelt, nicht um seinen ontologischen Status als »Ding-an-sich«.

Die Erlebenswelt erhält Struktur und Organisation einzig und allein durch die Regelmäßigkeiten und Invarianten, die es dem Erlebenden im Fluß seines Erlebens zu abstrahieren gelingt. Sie besteht aus eben jenen viablen Begriffen, Beziehungen, Regeln und Modellen, die es dem handelnden Subjekt ermöglichen, seine Ziele zu erreichen. Dabei ist es nun wieder wesentlich, zu betonen, daß die Ziele des Erlebenden notwendigerweise und ausnahmslos in Begriffen erfaßt werden, die seiner eigenen Konstruktion entstammen.

Indem es den Fluß seines Erlebens segmentiert und Teilstücke aufeinander bezieht und verkettet, schafft das Subjekt sich Modelle von »Dingen« und kategorisiert das Erlebensfeld, in dem sie isoliert wurden, als »Umwelt«. Insofern diese Dinge sich dann als mehr oder weniger dauerhaft erweisen und ihrerseits aufeinander bezogen und verkettet werden können, erwächst die Konstruktion einer kohärenten Wirklichkeit. Doch das ist noch nicht alles. Hand in Hand mit dieser Konstruktion schafft der Erlebende ein Modell von dem, was er oder sie »sich selbst« nennt. Auch dieses Selbst wird aus dem Erleben abstrahiert, und nach und nach schreibt das handelnde Subjekt ihm bestimmte Eigenschaften, Fähigkeiten und Funktionen zu.[32]

Die Frage ist nun, wie kommt das handelnde Subjekt dazu, einem »anderen« Wesen analoge Eigenschaften, Fähigkeiten und Funktionen zuzuschreiben? Im Prinzip hat Kant diese Frage bereits beantwortet:

»Es ist offenbar: daß, wenn man sich ein denkendes Wesen vorstellen will, man sich selbst an seine Stelle setzen und also dem

---

32 Einzelheiten dieser Konstruktion finden sich in Ernst von GLASERSFELD, Steps in the construction of »others« and »reality«: A study in self-regulation (7th European Meeting on Cybernetics and Systems Research, Wien, 1984) und in Ernst von GLASERSFELD und Paul COBB, Knowledge as environmental fit, Man-Environment Systems, 1983, 13, 216–224.

Objecte, welches man erwägen wollte, sein eigenes Subject unterschieben müsse ...«[33]

Die Umstände, unter denen der Erlebende in die Lage kommt, sein eigenes subjektives Handeln und Denken einem anderen zu »unterschieben«, ergeben sich aus dem subjektiven Erleben und insbesondere aus dem fortwährenden Bemühen, ein kohärentes Modell der Erlebenswelt zu schaffen. Die Vielzahl der Dinge, die sich als mehr oder weniger dauerhafte Individuen im Feld des Erlebens isolieren lassen, erfordert früher oder später, daß man die einzelnen Modelle in Kategorien zusammenfaßt und die Kategorien, wo immer möglich, miteinander in Beziehung setzt. Andererseits bleiben diese Kategorien nur so lange haltbar oder »viabel«, als die Schlüsse und Vorhersagen, die sie nahelegen, dann im weiteren Erleben von den so kategorisierten Dingen gerechtfertigt werden. Wann immer ein Ding, das einer bestimmten Kategorie zugeordnet wurde, eine Erwartung, die auf vorhergehender Erfahrung mit Angehörigen der Kategorie beruht, nicht erfüllt, wird eine Änderung nötig. Die Änderung kann die Zuteilung des fraglichen Dings zu einer anderen Kategorie sein oder die Schaffung einer neuen Kategorie. Piaget hat diesen Vorgang der Korrektur und der Erweiterung sehr befriedigend in seinem Modell des sensomotorischen Schemas mit den Begriffen »Assimilation« und »Akkommodation« erfaßt.

Die Akkommodationen, die zur Konstruktion des »Anderen« führen, beginnen schon früh im Erlebensbereich des Kindes. Eine erste Gelegenheit könnte etwa so aussehen: Beim Zusammenklauben von Marbeln klaubt ein Kind auch einen glänzenden, blauen Mistkäfer auf, spürt aber dann ein Krabbeln in der Hand, das mit seiner Vorstellung von Marbeln nicht vereinbar ist, und läßt ihn fallen. Angenommen, das Kind schenkt nun seine Aufmerksamkeit dieser widerspenstigen »Marbel«, so kann es eine neue Kategorie von Dingen schaffen – Dinge, die, obgleich sie zuweilen wie Marbeln aussehen, kleine Krallen haben, sich von selbst fortbewe-

---

33 Kant, Kritik der reinen Vernunft (1. Auflage, 1781), Akademie-Textausgabe, Bd. IV, S. 223. Den Hinweis auf diese Stelle in Kants Werk verdanke ich Eduard Marbach.

gen und darum nicht in einer Schachtel ohne Deckel aufbewahrt werden können. Zwar hat das Kind noch keinen Namen für die neue Kategorie, doch es könnte nun – wenn wir diese fiktive Entwicklung weiterverfolgen wollen – dieser Kategorie der »selbstbewegenden« Dinge eine Reihe anderer Gartenerlebnisse zuordnen, zum Beispiel Heuschrecken, Frösche und kleine Eidechsen. Wollte es nun einen Frosch oder eine Eidechse fangen, so käme es zweifellos bald darauf, daß man da mehr Aussicht auf Erfolg hat, wenn man annimmt, daß diese Dinge nicht nur sich spontan bewegen können, sondern auch sehen und vielleicht sogar hören.

Aufbau der »objektiven« Wirklichkeit

Nach und nach führt diese Entwicklung der Erfahrung also dazu, daß man gewissen Dingen in der Erlebenswelt nicht nur spontane Beweglichkeit, sondern auch Sinneswahrnehmungen und schließlich auch Denken, Fühlen und absichtliches, planmäßiges Handeln zuschreibt. In dieser einen, spezifischen Hinsicht beruht die Konstruktion der ganzen hierarchisch gestuften Bevölkerung unserer Erlebenswelt auf der rekursiven Anwendung einer begrifflichen Operation: Aus der anfänglichen Kategorie der selbstbeweglichen Lebewesen wird Schritt für Schritt die nächst höhere gebildet, indem man gewissen Objekten, insofern die Erfahrung es angemessen erscheinen läßt, eine jeweils höhere Fähigkeit des eigenen subjektiven Erlebens »unterschiebt«.

Es ist klar, daß die Erlebenswelt, sobald sie mit anderen bevölkert ist, neue und außerordentlich wirksame Möglichkeiten offeriert, die Wirklichkeit des Erlebten zu erhärten. Die zwei wichtigsten Aspekte, die sich da bieten, sind zweifellos die Bestätigung eines eigenen Erlebnisses durch sprachliche Interaktion mit einem anderen und die erfolgreiche Interpretation der Handlungen anderer mit Hilfe eigener kognitiver Strukturen.

Was die sprachliche Bestätigung betrifft, so kann ich hier nur auf andere Arbeiten hinweisen, in denen dargelegt wurde, daß Sprache vom konstruktivistischen Gesichtspunkt aus zwar eine besondere Art des gegenseitig angepaßten Handelns ist, aber nicht als Austausch von »Information« oder gar »Wissen« verstanden werden darf.[34] Kurz gesagt, wenn die Modelle, die wir uns von Dingen, Verhältnissen und Vorgängen in der Erlebenswelt aufgebaut haben, sich auch in sprachlichen Interaktionen mit anderen bewähren, dann ist dies eine Steigerung ihrer Viabilität, ähnlich der Steigerung, die sie durch Wiederholung und Koordination mit unterschiedlichen Sinneseindrücken gewinnen. Zweifellos ist sprachliche Bestätigung außerordentlich wirksam und befriedigend, doch sie liefert noch nicht die Basis für den Begriff der Objektivität – diese Basis entsteht erst, wenn das sprachliche Handeln des anderen erfolgreich auf Grund der eigenen kognitiven Strukturen interpretiert wird.

Da andere ebenso subjektive Konstrukte im Erlebensfeld des handelnden Subjekts sind wie alle anderen Dinge, Verhältnisse und Vorgänge, kann die Tatsache, daß ein anderer mir ein Erlebnis bestätigt, dem Erlebten unmöglich eine unabhängige, ontologische »Existenz« verleihen. Doch – und das ist weitaus wichtiger – solche Bestätigung zeigt, daß die jeweiligen kognitiven Strukturen (die Begriffe, Beziehungen und Regeln), die man im Aufbau des Erlebnisses verwendet hat, in zwei verschiedenen Kontexten viabel sind: erstens im Kontext des eigenen Ordnens und Organisierens, des Erlebens und zweitens im Kontext des Modells, das man sich von dem anderen aufgebaut hat. Dieser zweite Kontext entsteht eben dadurch, daß wir uns nach und nach Modelle von anderen zurechtlegen, denen wir unsere eigenen Fähigkeiten zuschreiben und schließlich auch unsere eigenen Begriffe und Vorstellungen von der Erlebenswelt. Wenn diese Begriffe und Vorstellungen sich dann auch in den Modellen der anderen als viabel erweisen, dann gewinnen sie eine Gültigkeit, die wir mit gutem Recht »objektiv« nennen können.

---

34 Vgl. Humberto MATURANA und Francisco VARELA, Autopoiesis and cognition. Dordrecht, Holland, 1980.

Zusammenfassung

Schon in den ersten Anfängen der abendländischen Erkenntnislehre zur Zeit der Vorsokratiker war es einigen Denkern klar, daß die Vorstellung von Wissen als einer mehr oder weniger wahrheitsgetreuen Spiegelung einer an und für sich unabhängigen ontologischen Wirklichkeit zu einem unauflösbaren Paradoxon führt. Da so eine Wirklichkeit nur durch das Erlebtwerden zugänglich wird, kann das erlebende Subjekt nie ermessen, inwieweit das Erlebte durch die Eigenart seiner Erlebenstätigkeit verändert, verfälscht oder erzeugt wird.

Obschon die Skeptiker aller Jahrhunderte diese Einsicht wachgehalten haben, hat die traditionelle Philosophie nie die Hoffnung aufgegeben, das Paradoxon umgehen zu können, ohne den Wissensbegriff abzuändern. Der Instrumentalismus, der der Wissenschaft von Denkern vorgeschlagen wurde, die ihr »absolutes« Wissen nicht aus der rationalen Aufteilung und Organisation der Erlebenswelt schöpften, sondern aus religiösem Dogma und Glauben, hatte wenig Erfolg, da er vorerst keine Möglichkeit bot, zwischen subjektivem und objektivem Wissen zu unterscheiden.

Die Darwinsche Evolutionstheorie, mit ihren Grundbegriffen von Variation, negativer natürlicher Auslese und Viabilität, lieferte ein klar definiertes Modell, das vom Instrumentalismus adoptiert werden konnte und ihm eine präzise begriffliche Struktur gab. Dazu kam, in diesem Jahrhundert, die fundamentale Arbeit von Piaget, der die kognitive Ontogenese und alle kognitiven Funktionen, im Rahmen der biologischen Anpassung, als Resultat der Selbstorganisation des Organismus betrachtete und somit der konstruktivistischen Wissenstheorie neuen Auftrieb gab.[35]

Es wäre unmöglich gewesen, im Rahmen dieses Aufsatzes einen umfassenden Überblick über die gegenwärtigen Vorstöße in konstruktivistischer Richtung zu geben. Meine Kollegen in dieser gedrängten Vortragsreihe werden Aspekte beleuchten, die ich überhaupt nicht erwähnt habe, doch der Zusammenhang wird, so hoffe

---

35 Ernst von GLASERSFELD, An interpretation of Piaget's constructivism. Revue Internationale de Philosophie, 1982, 36 (4), 612–635.

ich, sich dennoch herausstellen. Angesichts der Beschränkung in Zeit und Raum mußte ich mich damit begnügen, wenigstens drei grundlegende Punkte zu klären. Erstens, daß die traditionelle Philosophie in ihren 2500 Jahren bis heute keinen Ausweg aus dem Dilemma gefunden hat, das die Skeptiker von allem Anfang an erkannten. Zweitens, daß es zwar unerläßlich erscheint, aber keineswegs unerläßlich ist, daß man von menschlichem Wissen verlangt, es solle eine vom Menschen unabhängige, ontologische Welt widerspiegeln; ein Wissen, das es uns ermöglicht, in der Welt unseres Erlebens Ziele zu erreichen, die wir uns selber setzen, reicht vollauf aus, um Wissenschaft, Philosophie und Kunst zu rechtfertigen. Der dritte und letzte Punkt ist, daß ein derartiges Wissen, das sozusagen in die Hohlräume der Wirklichkeit paßt und sie darum nicht ikonisch widerspiegeln kann, uns dennoch die Möglichkeit gibt, zwischen subjektiven Hirngespinsten und der objektiven Erlebenswelt der Gemeinschaft zu unterscheiden.

Wenn meine Ausführungen es zumindest plausibel gemacht haben, daß da ein Weg ist, zu einem Modell des menschlichen Wissens zu gelangen, ohne sich auf unmögliche Voraussetzungen zu stützen, habe ich mein Ziel erreicht. Auf alle Fälle aber will ich die ausdrückliche Warnung wiederholen, daß ich nicht von der Welt des Seins gesprochen habe, sondern ausschließlich von einer Vorstellung der kognitiven Fähigkeiten und ihrer Ergebnisse.

Heinz von Foerster

Entdecken oder Erfinden
Wie läßt sich Verstehen verstehen?

Lies nicht mehr – schau!
Schau nicht mehr – geh!

Paul Celan (1959)

Auftakt

Herrn Armin Mohlers Spürnase und Mut und der Großzügigkeit der Carl Friedrich von Siemens Stiftung möchte ich meinen Dank und meine Bewunderung ausdrücken, diesen Vortragszyklus über den Konstruktivismus möglich gemacht zu haben. Zwar tauchen die Grundideen dieses Themas bereits an den verschiedensten Stellen unseres Globus auf, aber andere, oberflächliche Beobachter würden mit der Bemerkung »Das ist schon längst bekannt« oder »Alles Neue taugt nichts« an diesen Keimen vorübergehen.

Ich bin auch Ernst von Glasersfeld dankbar, der wie ein Eisbrecher in seinem Einführungsvortrag eine Bahn zum Verständnis des Konstruktivismus gebrochen hat. Ich werde mich heute damit beschäftigen, diese Bahn zu verbreitern und zu versuchen, Ihnen ein Gefühl für die Reichhaltigkeit dieses Gedankenbereichs zu geben, der nicht nur zahlreiche Fachgebiete berührt, sondern in dem auch viele neue Ideen und Begriffe geboren werden. Wie Dr. Mohler in seiner Einleitung zu dieser Vortragsreihe bemerkt hat, schlagen unsere Thesen eine Brücke zwischen den Natur- und Geisteswissenschaften. Das kommt daher, daß die vom Konstruktivismus benützten und teilweise entwickelten Begriffe, wie Rückbezüglichkeit, Rekursion, Zirkularität, Re-Afferenz, Autologie, Schließung, Autopoiesis usw., sich in den verschiedensten Wissenschaften, wie zum Beispiel in der Logik und Mathematik, in Linguistik, Biologie und Neurophysiologie, in der Psychotherapie und Soziologie etc., heutzutage eingebürgert haben.

Als Einführung in unser Thema möchte ich zwei zentrale Gedanken, genauer zwei komplementäre Postulate, herausgreifen, die ich – sozusagen – als die tragenden Säulen meiner Darstellung benützen möchte. Das eine Postulat bezieht sich auf Selbständigkeit, das andere auf Einbezogenheit, und auf den ersten Blick scheinen diese beiden sich sogar zu widersprechen. Hier ist Nummer eins:

a) Das Postulat der Selbständigkeit:

»Ein lebender Organismus ist eine selbständige, autonome, organisatorisch geschlossene Wesenheit.«

Dieses erste Postulat war ein Anlaß (oder die Folge) einer neuen Biologie (und Neurophysiologie), in der die Organisation einer sich stets erneuernden Integrität jedes Lebewesens als Ausgangspunkt für die Herleitung spezifischer Funktionen genommen wird. Ein Beispiel: Es ist bekannt, daß lokalisierte Hirnverletzungen gewisse Verhaltensfunktionen eliminieren (oder drastisch reduzieren). Anstatt jetzt zu schließen, daß der unversehrte Teil des Gehirns die verbliebenen Funktionen realisiert, ordnet die konventionelle Neurophysiologie die fehlenden Funktionen den zerstörten Geweben zu. Wie ein witziger Kritiker dieser Position bemerkte, müßte man demnach schließen, daß räumliches Sehen im linken Auge beheimatet ist, denn verliert man dieses, verliert man Stereovision.

Treibt man die Grundhaltung dieses ersten Postulats bis zu ihren logischen Grenzen, so führt das zu einem Solipsismus. Das ist, wie Sie sich erinnern (vom Lateinischen solus »allein«; ipse »selbst«), die Idee, daß das sich die Welt vorstellende Subjekt die einzige Wirklichkeit ist: »Ich allein existiere!« Diese Idee taucht in verschiedenster Form bei verschiedenen Philosophen auf. Zum Beispiel Descartes: »Cogito ergo sum«, oder Berkeley: »Esse est percipi«, oder Wittgenstein: »Was der Solipsismus meint ist ganz richtig, nur läßt es sich nicht sagen, es zeigt sich«, oder in der Fassung von Russell: »Ich existiere durch mich!« usw. Aber von vielen wird der Solipsismus als eine skurrile, inkohärente geistige Seifenblase überspitzter Eigenbrötler entlassen, oder wie Kant meinte: »...(er ist) ein Skandal für die Philosophie!« Ich finde eine der faszinierenden Seiten des Solipsismus ist seine Unfähigkeit, über sich selbst sprechen zu können. Die Überwindung dieser Unfähigkeit steckt in meinem zweiten Postulat:

b) Das Postulat der Einbezogenheit:

»Ein beobachtender Organismus ist selbst Teil, Teilhaber und Teilnehmer seiner Beobachtungswelt.«

Dieses zweite Postulat war ein Anlaß (oder die Folge) einer neuen Logik (und Mathematik), die sich mit jenen Begriffen befaßt, die auf sich selbst anwendbar sind, ja, die sich selbst brauchen, um zu entstehen. Ein Beispiel: Wird die Frage gestellt: »Was ist Sprache?« so könnte man antworten, daß der Fragende die Antwort schon wissen müßte, sonst könnte er die Frage nicht stellen. Ist also diese Frage ihre eigene Antwort, oder braucht man eine »Meta-Sprache«, um diese Frage zu beantworten? Ein zweites Beispiel: Es soll eine Theorie der Hirnfunktionen geschrieben werden. Es ist klar, daß der Schreiber dieser Theorie sein Gehirn benützen muß. Soll diese Theorie nun irgendeinen Anspruch auf Vollständigkeit haben, so muß sie für ihr Geschrieben-werden Rechnung tragen, das heißt, sie muß sich selbst (be-)schreiben. Es ist genau diese Problematik mit ihren überraschenden Lösungen, die ich später behandeln möchte.

Treibt man die Grundhaltung dieses Postulats bis zu ihrer logischen Grenze, so führt das zu einem Omnipsismus. Das ist (vom Lateinischen omnis »alle«; ipse »selbst«) die Idee, daß das sich die Welt vorstellende Subjekt nur mit allen anderen Subjekten eine Wirklichkeit erzeugt: »Wir alle existieren durch uns alle!« Auch diese Idee hat zahlreiche Vorgänger und verschiedene Fassungen. Zum Beispiel Frankl: »Wir sehen uns selbst durch die Augen des Anderen«, oder Kant: »Handle so, daß die Maxime deines Willens jederzeit zugleich als Prinzip einer allgemeinen Gesetzgebung gelten könne«, oder in der kosmologischen Formulierung des Weltpostulats: »Beobachter an allen Punkten der Welt sollen die gleiche Weltansicht haben.«

Was hat das alles mit Konstruktivismus zu tun; und warum Konstruktivismus überhaupt??

Vielleicht konnten Sie aus der Logik, die meinen beiden Postulaten zugrunde liegt, meine Absicht erraten, den Konstruktivismus auf eine Epistemologie zu stützen, die für sich selbst eintreten kann, und darüber hinaus, in der der Epistemologe für seine Epistemologie Rechenschaft abzulegen hat. Das heißt, daß die konstruktivistische Epistemologie Verantwortung impliziert.

Es ist daher kein Wunder, daß sich der Konstruktivismus noch keiner großen Popularität erfreut. Es ist ein beliebtes Gesellschaftsspiel, sich der Verantwortung zu entziehen: nicht ich, sondern ein anderer, etwas anderes, ist für mein Tun verantwortlich. Folge ich den Spielregeln von Skinners Behaviorismus, dann ist es die Umwelt, auf die ich mich ausreden kann; folge ich den Soziobiologen, sind es meine Gene! Aber die genialste Strategie, sich der Verantwortung zu entziehen, ist »Objektivität«. Objektivität verlangt die Trennung des Beobachters vom Beobachteten:

»Die Eigenschaften des Beobachters dürfen nicht in der Beschreibung seiner Beobachtungen zu finden sein!«

Der Beobachter wird zum unbeteiligten Sprachrohr. Das ist die Epistemologie des Beobachteten, des »wie es ist«; wie von Glasersfeld gezeigt hat, ist das eine Ontologie. Hier die Konsequenzen einer solchen Position bezüglich unserer Beziehung zur Welt und unserer Beziehungen eines jeden zu jedem anderen:

Unsere Beziehung zur Welt wird Furcht und Feindschaft. Ich zitiere die tiefe Überzeugung eines gütigen und für den Weltfrieden sich einsetzenden Wissenschaftlers bezüglich der Beweggründe, Wissenschaft zu betreiben: »...(es ist) das Verlangen, die prekären Zustände menschlicher Existenz zu verbessern in einer feindlichen Welt, in einer feindlichen Umwelt und in einer feindlichen Gesellschaft.« Unsere Beziehungen zueinander werden Herrschen und Regulieren; und die Gebote lauten: »*Du* sollst...!«

Im Gegensatz zu dieser Position entwickelt der Konstruktivismus eine Epistemologie des Beobachtens. Das heißt, Beobachter und Beobachtetes sind untrennbar verknüpft. Dann wird die Beziehung jedes einzelnen zum anderen »Identität«, und die Gebote lauten: »*Ich* soll...!«

*

Nach diesen einleitenden Bemerkungen, glaube ich, sind wir so weit, daß ich jetzt mit meinem Vortrag beginnen kann. Ich habe die Absicht, meine Gedanken in den folgenden fünf Schritten zu entwickeln:

1. *Kurzfassung:* Hier möchte ich ein einfaches Rezept vorschlagen, das uns helfen soll herauszufinden, wer ein Konstruktivist ist und wer nicht.
2. *Schwierigkeiten:* Einerseits stoßen traditionelle Ansätze, das Phänomen der Wahrnehmung zu erfassen, auf ernstliche logische Schwierigkeiten, andererseits begegnet der Konstruktivismus, der diese Schwierigkeiten umgeht, selbst wieder Schwierigkeiten, verstanden zu werden. Was ist zu tun?
3. *Formalisierung:* In den letzten Jahren wurde ein Formalismus entwickelt, der genau diese Schwierigkeiten erfaßt und überwindet. Ich glaube, die wesentlichen Punkte dieses Formalismus so vortragen zu können, daß auch die in diesen Affairen Ungeübten nicht nur diesen Gedanken folgen, sondern sie auch genießen können.
4. *Schließung:* Zum Verständnis der hier erörterten Perspektiven ist dies der entscheidende Schritt: der Übergang von einer offenen zu einer geschlossenen Organisation. Hier können wir dann die Früchte der vorangegangenen Formalisierung ernten.
5. *Ein-Schließung:* Zum Abschluß möchte ich dann die Folgen beschreiben, die sich nicht nur für eine Er-Kenntnistheorie ergeben, wenn man die Untrennbarkeit des Beobachters von seinen Beobachtungen einsieht, sondern auch die für das tägliche Zusammenleben mit unseren Mitmenschen: hier wird Er-Wissen zu Ge-Wissen.

1. Kurzfassung

Fragen Sie einen Menschen, ob die folgenden Begriffe Entdeckungen oder Erfindungen sind:

Ordnung
Zahlen
Formeln
Symmetrien

Naturgesetze
Gegenstände
Taxonomien
usw.

Neigt er dazu, diese Begriffe als Erfindungen zu bezeichnen, so haben Sie es mit einem Konstruktivisten zu tun.

Zunächst glaubt man, nicht recht gehört zu haben, was da alles als erfunden gilt. Vielleicht könnte man sich noch überreden lassen, Taxonomien, Ordnung und Symmetrien als Erfindungen gelten zu lassen; schwerer schon Zahlen und Formeln. Aber Gegenstände, ja, Naturgesetze, das, »was die Welt im Innersten zusammenhält«, zu einer Erfindung zu degradieren, das geht doch etwas zu weit. »Outrageous« pflegen meine amerikanischen Freunde zu dieser Behauptung zu sagen. Ich finde im Wörterbuch dafür »zügellos«, »unerhört«; Kants Kritik des Solipsismus fällt einem wieder ein: »... ein Skandal für die Philosophie!«

Trotzdem behaupte ich, mich in guter Gesellschaft zu befinden. Ich möchte mich auf das Zeugnis von zwei weisen Gelehrten berufen. Der eine ist der große Schweizer Psychologe und Epistemologe Jean Piaget, von dem ich etwas später berichten werde. Jetzt möchte ich den anglo-amerikanischen Anthropologen Gregory Bateson zitieren, dessen Einfluß nicht nur auf die Anthropologie, sondern auch auf Philosophie und Psychiatrie immer deutlicher wird. Seine Einsicht, zum Beispiel, daß zum Verständnis abnormalen Verhaltens die Beschäftigung mit der Einzelperson nicht ausreicht, sondern das Studium seines oder ihres menschlichen Beziehungsnetzes nötig ist – der »Transactional Viewpoint« –, war ja eine wesentliche Grundlage jener therapeutischen Schule, die Dr. Watzlawick vertritt.

Ich möchte Ihnen hier ein fiktives (oder vielleicht gar nicht so fiktives) Gespräch eines Vaters mit seiner interessierten und neugierigen Tochter vorlesen. Unter dem Titel »Metalogue« hat Bateson mehrere solcher Gespräche veröffentlicht. Die Form ist immer dieselbe: Tochter fragt Papa »was ist dies?« oder »warum ist das?«, und diese Frage wird zum Titel des jeweiligen Metalogues. Ich möchte Ihnen den Anfang des Gesprächs über »Instinkt« vorlesen, weil hier auf kleinstem Raum Lichtblitze auf Sprache, Erklärung, Naturgesetze etc., geworfen werden, die sonst weitschweifige Erläuterungen brauchen. Ich werde meine Bemerkungen (B) in das Gespräch einstreuen. Also, hier der Metalogue »Was ist ein Instinkt?«[1]:

Tochter: Vati, was ist ein Instinkt?

(B) Wenn mich meine Tochter oder mein Sohn das gefragt hätte, hätte ich sicherlich stolz mein Wissen zur Schau gestellt und eine der möglichen lexikalen Definitionen von mir gegeben: »Ein Instinkt ist eine ungelernte, ererbte und arteigentümliche Verhaltensweise, die oft sehr komplizierte Formen annehmen kann...« Dieser Vater aber läßt sich von solchen Versuchungen nicht verwirren. Seine Antwort ist:

Vater: Ein Instinkt, mein Liebes, ist ein Erklärungsprinzip.

(B) Die Tochter ist ebenso überrascht, wie ich es war, als ich diese Antwort zum ersten Mal las.

...

T: Aber was erklärt es?

V: Alles, beinahe alles. Alles, was du willst, das es erklären soll.

(B) Ich fürchte, Tochter bemerkt auch, daß etwas, das alles erklärt, eigentlich nichts erklärt:

T: Sei nicht so lächerlich. Gravitation kann es doch nicht erklären.

V: Aber das ist nur, weil niemand will, daß Instinkt Gravitation erklären soll. Wenn man es wollte, könnte es das. Wir würden dann einfach sagen, daß der Mond einen Instinkt hat, dessen Stärke sich umgekehrt mit dem Quadrat der Entfernung ändert...

T: Aber das ist doch Unsinn, Vati.

V: Ich weiß. Aber du warst es, die Instinkt aufgebracht hat, nicht ich.

(B) Papa hat sich gut aus der Affäre gezogen. Aber Tochter gibt nicht so leicht auf.

T: Gut – aber was erklärt Gravitation?

V: Nichts, mein Liebes, denn Gravitation ist ein Erklärungsprinzip.

T: Oh!

(B) Ich glaube, wir alle haben Verständnis für diesen Stoßseufzer.

T: Willst du damit sagen, daß man mit einem Erklärungsprinzip nicht ein anderes erklären kann? Niemals?

V: Hmm ... fast nie. Das war es, was Newton gemeint hat, als er sagte: *»Hypotheses non fingo«*.

T: Und was heißt das, bitte?

(B) Beachten Sie jetzt, bitte, daß in Vaters Erklärung die Betonung auf der sprachlichen Formulierung liegt; »Beschreibung«, »Sätze«, »wenn du *sagst*...« usw.

V: Du weißt, was »Hypothesen« sind. Jede beliebige Formulierung, die zwei beschreibende Sätze zusammenfügt, ist eine Hypothese. Wenn du sagst, daß am 1. Februar Vollmond war und daß am 1. März wieder Vollmond war; und wenn du dann diese beiden Beobachtungen in irgendeiner Weise miteinander verbindest, dann ist der Satz, der sie verbindet, eine Hypothese.

...

T: Ja, und ich weiß was *non* heißt. Aber was heißt *fingo*?

V: Nun *fingo* ist ein lateinisches Wort für »machen«. Man kann damit ein verbales Substantiv *fictio* formen, von dem wir das Wort »Fiktion« herleiten.

T: Vati, willst du damit sagen, daß Sir Isaac Newton angenommen hat, daß alle Hypothesen einfach erfunden waren, wie Geschichten?

V: Genau!

T: Aber hat er nicht Gravitation entdeckt? Mit dem Apfel?

V: Nein, mein Liebes, er hat sie erfunden.

(B) Ich sage dazu: Gregory Bateson ist ein Konstruktivist.

2. Schwierigkeiten

Ich möchte zuerst auf ungewohnte Eigenschaften des mit dem Konstruktivismus verbundenen logischen Hintergrunds aufmerksam machen. Es handelt sich um die »Begriffe zweiter Ordnung« und die mit diesen Begriffen verwandten, durch Selbstbezüglichkeit entstehenden Paradoxien.

a) Begriffe zweiter Ordnung

Ich sprach schon von ihnen; es sind die Begriffe, die sich auf sich selbst anwenden lassen, wie zum Beispiel Lernen, Bewußtsein, Organisation usw. Sicherlich kann man von lernen zu lernen sprechen, oder vom Bewußtsein von Bewußtsein usw. Die auf den ersten Blick sich verbergende logische Eigenheit dieser Begriffe, heute Autologik genannt, möchte ich an kleinen Experimenten demonstrieren:

Abb. 1: Blinder Fleck (siehe Text)

Halten Sie dieses Buch mit der rechten Hand, schließen Sie das linke Auge (mit der linken Hand, wenn's anders nicht geht), und fixieren Sie mit dem rechten Auge den Stern in der Abbildung 1. Bewegen Sie nun das Buch entlang der Sichtlinie langsam vor- oder rückwärts, bis überraschenderweise der schwarze runde Fleck plötzlich unsichtbar wird. Gewöhnlich findet das bei einer Entfernung von etwa 35 cm statt. Sofern Sie den Stern weiter scharf im Auge behalten, bleibt der schwarze Fleck noch weiter unsichtbar, auch wenn das Buch in seiner Ebene hin und her verschoben wird.

Abbildung 2 illustriert die physiologische Erklärung dieser lokalen Blindheit, des »blinden Flecks«. Wenn der Stern fokussiert ist, fällt sein Bild auf den empfindlichsten Teil der Retina, auf die Fovea. Ist das der Fall, dann wird nur bei einem bestimmten Abstand Auge/Papier das Bild des schwarzen Kreises auf den Discus projiziert. Das ist die Stelle, an der der Sehnerv das Auge verläßt, an der es keine lichtempfindlichen Zellen gibt, und weshalb an dieser Stelle nichts gesehen werden kann.

Diese Erklärung ist so überzeugend, daß man darüber die Überraschung vergißt, die man beim Verschwinden des schwarzen Kreises erlebte. Diese Überraschung kommt natürlich davon, daß man überhaupt keine Ahnung von einem solchen blinden Fleck hat:

Abb. 2: Horizontalschnitt
durch das rechte
menschliche Auge,
mit Projektionloci
von Stern und Kreis

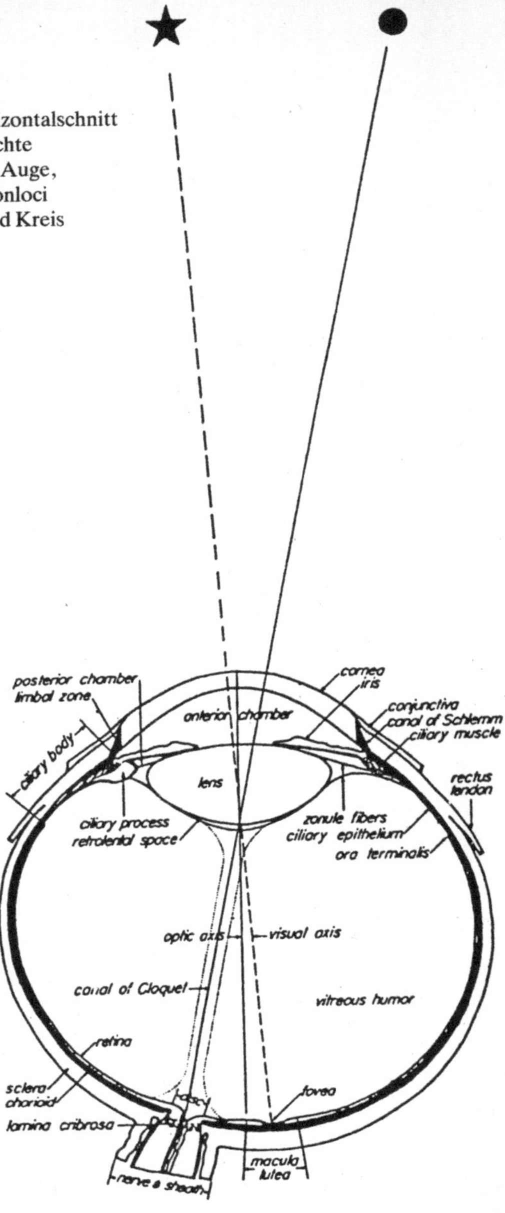

das Sehfeld ist überall zusammenhängend und geschlossen. Man sieht nirgendwo ein »schwarzes Loch«, ob man mit beiden oder nur mit einem Auge schaut. Das heißt: Man sieht nicht, daß man nicht sieht.

Hier zeigt sich die merkwürdige Logik der Begriffe zweiter Ordnung, bei denen doppelte Verneinung nicht, wie üblich, eine Bejahung zur Folge hat (Nicht-sehen von nicht Sehen verursacht nicht sehen). Das zeigt auch, daß der Begriff der Wahrnehmung nicht den üblichen Gesetzen der zweiwertigen Logik *(tertium non datur)* unterworfen ist.

Würde man die gute Gewohnheit haben, dem, was man spricht, zuzuhören, hätte man das schon längst gemerkt: denn was man wahr-nimmt, nimmt man für wahr. Es gibt ja kein Falschnehmen. Es sind ja immer nur die anderen, die behaupten, man sähe nicht recht, man wäre das Opfer einer Illusion, wenn sie was anderes sehen. Was ich mir er-eigne, meine Wahrnehmung, mag kein Ereignis sein für andere.

b) Paradoxien

Es ist schon lange bekannt, daß die Bedeutung von Begriffen zweiter Ordnung unverändert bleibt, wenn das an dem Grundbegriff operierende Hauptwort einfach durch die Vorsilbe »Selbst-« ersetzt wird. Ist man, zum Beispiel, seines Bewußtseins bewußt, so kann man von Selbstbewußtsein sprechen etc. Von einem traditionellen Standpunkt führt aber diese Transformation von einem Ausdruck zweiter Ordnung in explizit selbstbezügliche Begriffe in einen Sumpf logischer Absurditäten, in ein Land der semantischen Pathologien und Paradoxien.

Aristoteles hat uns gelehrt, daß ein Satz entweder wahr oder falsch sein muß, um ein sinnvoller Satz zu sein: eine dritte Möglichkeit gibt es nicht *(tertium non datur)*. Ich vermute, daß er diese Regel nur darum erfunden hat, um sich einer unbequemen Rätselnuß zu entledigen, die sich schon ein paar hundert Jahre vor ihm der Kreter Epimenides ausgedacht hat. Es handelt sich um die merkwürdigen logischen Folgen selbstbezüglicher Aussagen. Hier ein Beispiel: Der Satz »Herr Y ist ein Lügner« erfüllt die aristotelische Bedingung: entweder ist Herr Y ein Lügner oder er ist es nicht. Jedoch der selbstbezügliche Satz: »Ich bin ein Lügner« ist nur wahr, wenn er eine Lüge, also falsch ist; aber er muß falsch sein, wenn er wahr sein soll, und so weiter.

Logiker von Aristoteles bis Bertrand Russell waren von diesem Alptraum geplagt[2]. Inzwischen ist aber dieses Paradoxieproblem elegant zum Verschwinden gebracht worden, jedoch nicht dadurch, daß es verboten wurde, was noch Russell glaubte tun zu müssen, sondern daß man die fundamentale Dynamik[3] dieser Paradoxien

wahr → falsch → wahr → falsch → wahr → falsch → wahr . . . etc.

oder deutlicher

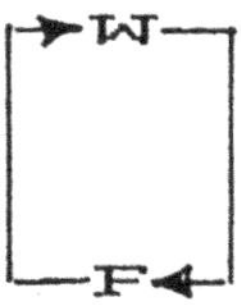

zum Ausgangspunkt einer nicht-stationären Logik gemacht hat. Auf der praktischen Seite sieht man, unter anderem, diese Logik in fast allen Rechenmaschinen in Anwendung. Die inneren Uhren, die die Operationen dieser Maschinen synchronisieren, sind die sogenannten »Flip-Flops«, die wie die Paradoxie des Lügners jetzt mit Blitzesgeschwindigkeit statt aus wahr falsch und aus falsch wahr, aus einer »1« eine »0«, und aus einer »0« eine »1« rechnen.

Andererseits hat neben vielen anderen interessanten Resultaten die Weiterentwicklung der Theorie gezeigt, daß selbstbezügliche Sätze keine, eine oder mehrere stabile Lösungen zulassen. Die Aufgabe ist, für X jenes *Zahlwort* zu finden, das den folgenden Satz wahr macht:

IN DIESEM SATZ ZÄHLEN WIR X BUCHSTABEN.

(Ziffern sind nicht erlaubt, denn sie vereinfachen das Problem zu sehr, obwohl sie natürlich das Prinzip einer stabilen selbstbezüglichen Aussage ebenso gut illustrieren.) Vielleicht amüsiert es Sie zu erfahren, daß es mehrere Lösungen, genau drei, für dieses Problem gibt. Ich verrate Ihnen eine:

IN DIESEM SATZ ZÄHLEN WIR SECHSUNDVIERZIG BUCHSTABEN.

Bitte nachzuzählen!

Probleme von dieser Art gibt es schon lange in der Mathematik, wo sie seit David Hilbert »Eigenwertprobleme« und ihre Lösungen »Eigenwerte« genannt werden. In unserem Fall ist also SECHSUNDVIERZIG einer der drei Eigenwerte dieses selbstbezüglichen Satzes. Wie heißen die anderen zwei?

c) Wirklichkeit

Seitdem bei unseren philosophischen Vorvätern – lange vor Sokrates – der Verdacht aufkam, daß die Welt nicht so sein muß, wie wir sie erleben, tauchte auch die Frage nach einer Korrespondenz zwischen Wirklichkeit und Vorstellung auf und wie diese Brücke zu bauen sei. Wie uns Ernst von Glasersfeld erzählte, waren es die Skeptiker, die diesem Vorhaben mißtrauisch entgegensahen: Da die »Welt da draußen«, die »Außenseite«, ja immer erst durch irgendwelche Erfahrung abgeleitet werden kann – man kennt also nur die eine Seite, die »Innenseite« –, bleibt das Vorhaben der Ermittlung einer Korrespondenz auch immer nur auf einem Bein stehen.

Trotz dieser Einwände hat sich die Suche nach dieser Korrespondenz bis heute erhalten, und eine moderne Version dieses Vorhabens, der »Optimismus«, vertritt die Idee des Fortschritts in der Wissenschaft: »Wir kommen der Wahrheit immer näher und näher!« Man müßte also hier die Wahrheit schon kennen, sonst könnte man nicht schätzen, wie weit, oder wie nah, wir ihr schon sind. Allerdings, der »aufgeklärte Optimismus« fügt diesem Satz noch hinzu, daß »Die Wahrheit« stets verborgen bleibt: es handle sich hier um's Suchen. – Was hätte wohl ein griechischer Philosoph zu alledem gesagt, denn auf griechisch ist »Wahrheit« ἀλήθεια, das was *nicht* verborgen ist (von ἀ »nicht« und λανθάνειν »verbergen«).

Verfolgen wir für einen Moment das erwähnte Vorhaben, eine Brücke zwischen Vorstellung und Wirklichkeit zu bauen. Es ist üblich, Plato – oder besser Sokrates – das Verdienst zuzusprechen, für das Problem dieses Brückenbaus eine Lösung gefunden zu haben, die zu einem Grundpfeiler abendländischer philosophischer Tradition geworden ist.

Ich spiele hier auf das Höhlengleichnis an. Der springende Punkt in diesem Gleichnis ist die Äquivalenz der Beziehung von Gegenständen zu ihren Schatten mit der Beziehung von der Wirklichkeit zu unserer Vorstellung derselben. Es ist, glaube ich, die verführerische Einfachheit dieses Parallelismus, die über 2000 Jahre diese Idee nicht nur erhalten, sondern auch mit andern Bildern und Gedanken erweitert und vertieft hat, man denke, zum Beispiel, an Kants »Ding an sich«, und sicherlich ist die Popularität dieser Idee eine der Schwierigkeiten, die dem Verständnis des Konstruktivismus entgegensteht.

Wenn Sie sich noch an meine zwei Postulate von früher erinnern, das Postulat der Selbständigkeit und das der Einbezogenheit, dann ist es klar, daß der Konstruktivismus, ähnlich wie die Skeptiker, die Frage nach »Korrespondenz« als irreführend empfindet, denn dieser Begriff setzt ja bereits zwei Seiten voraus, von denen die Weise der Existenz der einen erst etabliert werden muß. Es sieht also so aus, als würde ich mich gegen das Höhlengleichnis wenden. Keineswegs! Ich wende mich nur gegen die landläufige Interpretation. Ich möchte darauf aufmerksam machen, daß Sokrates in seinem Dialog mit Glaukon gar nicht die behauptete Äquivalenz der Beziehungen Dinge–Schatten und Wirklichkeit –Vorstellung zeigen wollte, sondern die Anstrengungen, die nötig sind, um das Gute zu erkennen, und die sozialen Schwierigkeiten, in die der gerät, der mehr sieht als seine Zeitgenossen.

Wenn Sie sich ein größeres Vergnügen gönnen wollen, dann empfehle ich Ihnen die ersten paar Seiten des siebenten Buches von Platons »Staat« zu lesen. Hier werden Sie Sokrates begegnen, wie er Glaukon eine Geschichte von faszinierender Unheimlichkeit erzählt. In einer Höhle sitzen, angelehnt an eine Brüstung, Männer, ihre Schenkel an den Boden, ihre Hälse an die Brüstung gefesselt, so daß sie weder rechts noch links, sondern nur nach vorne, auf eine große Felswand schauen können. Die Brüstung setzt sich wie eine Bühne weit nach hinten fort. Auf ihrem rückwärtigen Ende brennt ein großes Feuer, und zwischen dem Feuer und der vorderen Rampe gehen Menschen auf und ab, die Gerätschaften, Holzfiguren und anderes herumtragen, so daß die Gefesselten nur die Schatten dieser Menschen und Dinge auf der Felswand herumtanzen sehen.

»Ein unheimliches Bild«, sagt Glaukon.

Nun stellt Sokrates die berühmte Frage, ob die Gefesselten, die ja nur diese Schatten sehen, nicht zur Überzeugung kommen müssen, die Schatten seien die wahre Wirklichkeit und nicht die auf der Bühne sich bewegenden Menschen und Dinge.

Wie nicht anders zu erwarten, stimmt Glaukon völlig bei: »So muß es wohl sein!« und wie überzeugte Glaukonianer schließen an dieser Stelle die meisten Leser das Buch: »Das also ist das Höhlengleichnis.«

Ich aber bitte Sie weiterzulesen, denn – wie ich behaupte – kommt Sokrates jetzt erst zu den wesentlichen Punkten, zur »Moral von der Geschicht'«. Er entwickelt nun in drei Schritten, was geschehen würde, wenn einer dieser Gefesselten, von seinen Fesseln befreit, aufstehen dürfte, dann auf der Bühne das Feuer und die herumgehenden Menschen sehen könnte und schließlich außerhalb der Höhle den blauen Himmel, die Sonne, Bäume und Blumen erleben dürfte. Bei jedem dieser Schritte stellt Sokrates Glaukon zwei Fragen: die eine, ob der Befreite bei jeder Erweiterung seiner Sicht diese nicht wie eine »wirklichere Wirklichkeit« empfinden würde als die jeweilig vorhergehende; und die andere, ob der jetzt Ungefesselte nicht erst schreckliche Schmerzen in seinen dem aufrechten Gang ungewohnten Gliedern empfinden würde und in den vom Licht des Feuers und der Sonne geblendeten Augen?

Wenn Glaukon diese Fragen bejaht, macht Sokrates den ersten Punkt[4]: »...im Bereich der Vernunfterkenntnis [ist] die Idee des Guten nur zuallerletzt und mühsam wahrzunehmen.«

Aber es geht noch weiter, denn jetzt führt Sokrates den Befreiten zurück auf seinen Platz in der Höhle, wo er wieder mit Schenkeln und Hals an Boden und Brüstung gefesselt wird. Würde dieser dann nicht eilig und aufgeregt zu seinen Nachbarn sagen, daß das, was sie da sehen, nur die Schatten einer Welt da oben seien und daß es da Menschen gäbe, wie sie selbst, und Bäume und Blumen[4]:

»...würde er da nicht ein Gelächter veranlassen, und würde es nicht von ihm heißen, weil er hinaufgegangen wäre, sei er mit verdorbenen Augen zurückgekommen, und es sei nicht der Mühe wert, nur den Versuch zu machen hinaufzugehen? Und wenn er sich gar erst unterstände, sie zu entfesseln und hinaufzuführen – würden sie ihn nicht ermorden, wenn sie ihn in die Hände bekommen und ermorden könnten?«

Und, so glaube ich, ist Sokrates' zweiter Punkt, das alte Sprichwort »Unter den Blinden ist der Einäugige König«, zu korrigieren. Es müßte jetzt heißen: »Unter den Blinden kommt der Einäugige ins Irrenhaus«, denn er sieht mehr als die anderen.

d) Wahrnehmung

Wir betrachten es als selbstverständlich, daß die Mannigfaltigkeit unserer Erfahrungswelt auf der Verschiedenheit unserer Sinne beruht. Der Volksmund zählt fünf; Physiologen sagen uns, daß man wegen der vielen Variationen der Sinneszellen innerhalb der großen Sinneskategorien – Geruch, Geschmack usw. – die Anzahl der Sinne zu vielen Tausenden steigern könnte. Man denke an die für verschiedene Spektralbereiche empfindlichen Stäbchen in der Retina oder an Untersuchungen der erstaunlichen Differentiation der Geruchszellen[5]. Die Resultate legen nahe, daß der »Geruchsraum« etwa so viele Dimensionen hat, wie es Sinneszellen im Riechepithelium gibt. Das geht in die Millionen.

Daß wir bestimmten Sinneszelltypen gewisse physiko-chemische Reizursachen zuordnen können, verdanken wir dem außerordentlichen Raffinement der heutigen Meßtechnik. Es ist möglich, mit feinsten Mikropipetten in das Innere einzelner Nervenfasern zu dringen und über elektrische Verstärker die von einem nach Art und Größe bestimmten Reiz verursachte Erregung eines Neurons quantitativ zu bestimmen. Das typische Resultat sehen Sie in Abbildung 3, in der die von verschiedenen Reizstärken verursachte elektrische Aktivität einer Tastzelle registriert wurde: Die Stärke jeder einzelnen elektrischen Entladung (die »Amplitude«) ist unabhängig von der Reizstärke (immer etwa 1/10 Volt), abhängig ist jedoch die Häufigkeit der Entladungen, mit der sie positiv verknüpft ist. Das heißt, eine Vergrößerung der Reizintensität hat eine Erhöhung der Entladungsfrequenz zur Folge, und umgekehrt. In der Radiotechnik nennt man einen solchen Signalcode »Frequenzmodulation« (FM). Die Besprechung der Vorteile dieser Codierung über andere (z. B. Amplitudenmodulation (AM)) würde hier leider zu weit führen.

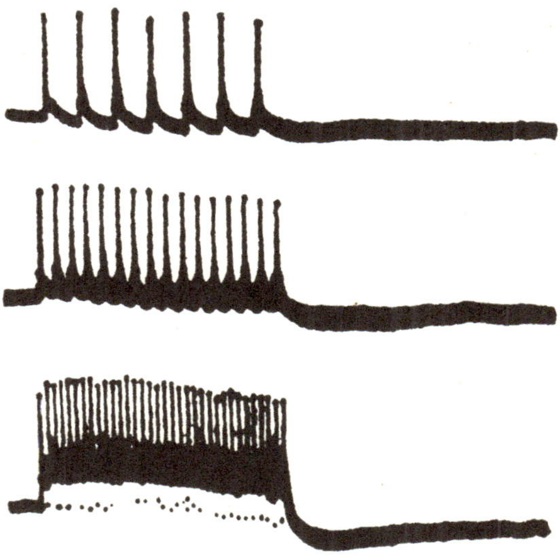

Abb. 3: Drei Beispiele für periodische Entladungen einer Tastsinneszelle unter anhaltender Reizung; niedrige Frequenz (oben) entspricht einem schwachen, hohe einem starken Reiz.

Man kann diese Experimente veranschaulichen, indem man die verstärkten Entladungen zu einem Lautsprecher führt, so daß die Folge von Entladungen jetzt als eine Folge von »Klicks« hörbar wird. Je nach der Reizstärke hört man dann ein langsames »Klick-Klick-Klick...« oder ein rapides »Krrrrrrr...«, die universelle Sprache der Neuronen.

Studiert man die Aktivität von Sinneszellen anderer Modalitäten, so erhält man das erstaunliche Resultat, daß die Erregungszustände unabhängig von der physikalischen oder chemischen Natur des Reizes sind und nur auf die Verschiedenheit der Reizintensität ansprechen. Diese Beobachtung kommt im Prinzip der Undifferenzierten Codierung zum Ausdruck:

»Die Erregungszustände einer Nervenzelle codieren *nur* die Intensität, aber *nicht* die Natur der Erregungsursache. Codiert wird nur: »Soundsoviel an dieser Stelle meines Körpers«, aber nicht »Was«.

Anders ausgedrückt, der Signalfluß, der von den etwa hundert Millionen Sinneszellen dem Hirn zuströmt, trägt keinen Hinweis auf irgendwelche Eigenschaften jenseits dieser Zellen, außer daß sie an bestimmten Stellen der Körperoberfläche gereizt wurden.

Zunächst wurde dieses neurologische Fundamentalprinzip als eine begrüßenswerte Bequemlichkeit empfunden, konnte man doch quantitative Untersuchungen ohne Rücksicht auf Modalitäten anstellen.

Erst vor ungefähr 20 Jahren fiel einigen Forschern die Ungeheuerlichkeit dieses Prinzips auf, nämlich, daß an der Pforte der Erkenntnis die vermeintlichen Boten der Welt aller jener Eigenschaften entblößt werden, die zu dem farbigen und tönenden Bild dieser Welt führen sollten. Wie soll man diese Schwierigkeit überwinden?

Das beste ist, wenn man das Problem der Wahrnehmung von Grund auf neu formuliert und darauf achtet, nicht wieder in die alte Bahn gezogen zu werden. Will man sich auf den qualitativ undifferenzierten, jedoch ortsbezüglichen Signalfluß innerhalb des Sensoriums beziehen, kann man fragen, wie der Organismus aus diesem Signalfluß die Kohärenz und den Reichtum seiner Erlebniswelt konstruiert oder – besser und poetischer – wie er seine Erlebniswelt erfindet.

Bertrand Russell hat einmal behauptet, wenn ein Problem gut formuliert ist, dann hat man auch schon die Lösung. Ich fürchte, die Russellsche Bedingung ist in der obigen Problemstellung noch nicht so weit erfüllt, daß man weiß, wie man vorgehen soll. Wir brauchen zusätzliche Wegweiser. Wie ich später ausführen werde, zeigt es sich, daß eine Theorie der kognitiven Prozesse nicht aus einer Sensorik allein entwickelt werden kann. Es ist notwendig, die Motorik in die Überlegungen mit einzubeziehen, denn erst durch eine Korrelation von Bewegung mit den von ihr verursachten *Veränderungen* der Sinneswahrnehmungen erlaubt die Konstruktion kohärenter und stabiler Vorstellungen.

Ich möchte Ihnen gerne diese Gedanken so einfach und durchsichtig als möglich darlegen, will Sie daher mit einem Formalismus vertraut machen, der wie eine Dampfwalze Dornen, Geröll und andere Hindernisse aus dem Weg räumt und uns den Zugang zu einer konstruktiven Lösung des kognitiven Problems erlaubt.

3. Formalismus

Heraklit sah alles in einem ständigen Wechsel, daher seine Behauptung: »Man kann nicht zweimal in denselben Fluß steigen.« Hundert Jahre später bemerkte Kratylus, daß Heraklit seine Sicht nicht konsequent verfolgte, denn er übersah den Wechsel des in den Fluß steigenden Beobachters. Daher behauptet Kratylus: »Man kann nicht einmal *einmal* in denselben Fluß steigen.«

Die Ethologie studiert den Wechsel im Verhalten von Organismen unter dem Einfluß äußerer Reize. Ich habe die Absicht, die Veränderungen im Verhalten eines Organismus zu studieren, und zwar unter dem Einfluß seines eigenen Verhaltens. Ich folge also im wesentlichen der Linie des Kratylus und möchte die noch neuen und ungewohnten Ergebnisse durch eine Formalisierung dieser Gedanken klarmachen.

Das Kernstück dieser Überlegungen ist der Begriff des Operators, des formalen Repräsentanten des einen Wechsel herbeiführenden Agens. Wenn ein Operator operiert, spricht man von einer Operation »Op«. Natürlich war die ursprüngliche Absicht bei der Einführung des Begriffs »Operator« eine Abstraktion für beobachtbare Wesenheiten wie Organismen, Systeme, Maschinen etc. zu erhalten. Alan Turing, der leider viel zu früh verstorbene geniale Mathematiker, hat vor etwa einem halben Jahrhundert diese Beziehung umgedreht. Er meinte, wenn wir von einem Operator sprechen, haben wir doch immer seine Verkörperung im Auge: etwas muß doch an etwas operieren. Für ihn war dieser Operator eine »Maschine«, eher im Sinne einer Rechen- als einer Dampfmaschine. Seine Nachfolger nennen daher die von ihm ins Leben gesetzten Operatoren »Turingmaschinen«. Ich werde mich dieser

Terminologie anschließen, denn es ist günstig, mit einem Operator etwas Konkretes verbinden zu können. Andererseits ist mir bewußt, daß bei Humanisten das Wort »Maschine« eine negative Reaktion auslöst. Ich möchte Ihnen daher »Maschinen« vorstellen, deren Verhalten – so hoffe ich – Sie zu einer positiven Einstellung bekehren wird. Ich werde zwei Arten, die trivialen und die nichttrivialen, Maschinen unterscheiden und glaube, es ist das Verhalten der »trivialen Maschinen«, die diese Abneigung verursacht hat.

a) Triviale Maschinen (TM)

Eine triviale Maschine (TM) verbindet fehlerfrei und unveränderlich durch ihre Operationen »Op« gewisse Ursachen (Eingangssymbole, x) mit gewissen Wirkungen (Ausgangssymbolen, y);

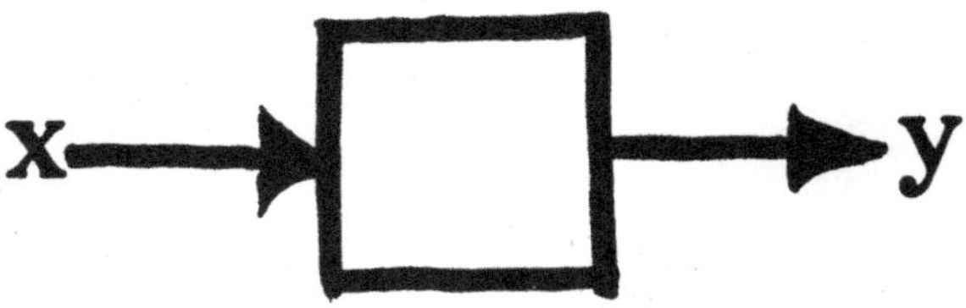

Abb. 4: Triviale Maschine

$$Op(x) \rightarrow y$$

oder

$$y = Op(x)$$

Verfolgen wir an einem Beispiel die Synthese einer TM. Zuerst müssen wir die zwei Familien, die der Ursachen und die der Wirkungen, etablieren und uns dann für eine Zuordnung der einzelnen Familienmitglieder entscheiden. Ich schlage vor, daß wir uns jeweils auf nur vier Mitglieder beschränken, die A,B,C,D für die Ursachen und 1,2,3,4 für die Wirkungen heißen mögen. Der nächste Schritt ist jetzt, sich für eine Zuordnung zwischen Ursachen und Wirkungen, das heißt für die in dieser Welt herrschenden

»Naturgesetze«, zu entschließen, sozusagen, den lieben Gott am dritten Schöpfungstag zu spielen.

Da zu jeder der vier Ursachen jeweils vier verschiedene Wirkungen zugeordnet werden können, haben wir die Möglichkeit aus

$$4^4 = 256$$

verschiedenen Zuordnungen, das heißt aus 256 möglichen Maschinen, Welten, Operationen, Naturgesetzen etc., diejenigen auszuwählen, von denen wir dann sagen könnten: »sie waren gut!«

Ich besitze einen Kreisel, der, wenn er umfällt, nicht wie ein Würfel auf einer von sechs, sondern auf einer von vier Seiten zu liegen kommt, die mit den Ziffern 1,2,3,4 bemalt sind. Wir könnten also die Zuordnung der Wirkungen zu den jeweiligen Ursachen A,B,C,D durch »kreiseln«, das heißt durch Zufall bestimmen. Der Zufall steuert die Naturgesetze? Aber erinnern wir uns doch an Einstein, der meinte: »Der liebe Gott spielt nicht mit Würfeln.«

Nehmen wir daher die Zuordnung, die die beiden Familien in ihrer natürlichen Folge gegenüberstellt, und definieren damit die folgende TM: Wenn immer man, zum Beispiel, dieser Maschine

Tabelle 1

x	y
A	1
B	2
C	3
D	4

das Eingangssymbol (Ursache) x = A anbietet, ist das Resultat ihrer Operation das Ausgangssymbol (Wirkung) y = 1:

$$Op(A) \rightarrow 1.$$

Oder gibt man ihr die Eingangsfolge BACDAD, so erhält man immer 213414 etc.

Es sind diese Eigenschaften, die diesem Typ von Maschine den Beinamen »trivial« gegeben haben, und es sind auch diese Eigenschaften, die uns gewöhnlich vorschweben, wenn wir von einer

»Maschine« sprechen: Eintönigkeit, Wiederholbarkeit, Langweiligkeit, Voraussagbarkeit usw. Ja sogar, wenn man noch nicht die Gesetze dieser Maschine kennt, ist es keineswegs schwierig, ihre operativen Eigenschaften analytisch zu bestimmen. Es ist nur notwendig, für jedes Eingangssymbol das entsprechende Ausgangssymbol zu notieren, und man erhält eine Kopie der ursprünglichen Definition dieser Maschine (siehe Tabelle 1).

Zusammenfassend: Eine TM ist:

1. synthetisch determiniert;
2. analytisch determinierbar;
3. vergangenheitsunabhängig;
4. voraussagbar.

Diese vier Eigenschaften müssen Laplace vorgeschwebt haben, als er seine Einleitung zur Abhandlung über Wahrscheinlichkeitsrechnung schrieb[6]: »... wäre eine übermenschliche Intelligenz fähig, zu irgendeinem Zeitpunkt die Positionen aller Teilchen und die auf sie wirkenden Kräfte zu kennen, so gäbe es keine Unsicherheit für diese Intelligenz: Vergangenheit und Zukunft wären für sie allzeit gegenwärtig.« Die Welt: eine triviale Maschine!

b) Nicht-triviale Maschinen (NTM)

Der große Unterschied zwischen den trivialen und den nicht-trivialen Maschinen besteht darin, daß die Operationen dieser Ma-

Abb. 5: Nicht-triviale Maschine mit innerem Zustand z

schinen von ihren jeweiligen »inneren Zuständen« z abhängen, die selbst wieder von den vorangegangenen Operationen beeinflußt werden. Man unterscheidet daher zwei Arten von Operationen:

die eine, die die zustandsabhängige Verknüpfung Ursache(x)/Wirkung(y) herstellt, die »Wirkungsfunktion«:

$$Op_z(x) \rightarrow y$$

wo der Index z den jeweiligen Zustand der Maschine andeutet, und die andere, die die Änderung der inneren Zustände reguliert. Diese ursachebedingte »Zustandsfunktion« verwandelt in vorgeschriebener Weise den jeweiligen Zustand z in den nächst folgenden z':

$$Op_x(z) \rightarrow z'$$

wo der Index x die jeweilige Ursache (Eingangssymbol) andeutet.

Verfolgen wir doch wieder an einem Beispiel die Synthese einer solchen NTM. Der einfachste Fall wäre natürlich der einer Maschine, die nur zwei innere Zustände kennt. Nennen wir diese zwei Zustände I und II. Wenn die Maschine sich im Zustand I befindet, schlage ich vor, die Zuordnung Ursache/Wirkung zu wählen, die wir schon vorher bei der TM gewählt hatten; und wenn im Zustand II, dann die invertierte Zuordnung:

Tabelle 2

Im Zustand I			Im Zustand II		
x	y	z'	x	y	z'
A	1	I	A	4	I
B	2	II	B	3	I
C	3	I	C	2	II
D	4	II	D	1	II

In diesen Tabellen sind nicht nur die den beiden inneren Zuständen zugeordneten Wirkungsfunktionen in den ersten zwei Spalten angeschrieben, sondern ist auch in der dritten Spalte mit der Überschrift *z'* der von mir gewählte, von der Maschine einzunehmende nächste innere Zustand angegeben. Ein Beispiel wird das verdeutlichen.

Will man wissen, was die Ursache B bewirkt, wenn die Maschine sich im Zustand II befindet, sucht man in der Tabelle für den Zustand II die zu B korrespondierende Wirkung: man erhält 3. Zusätzlich sieht man aber auch, daß jetzt die Maschine vom Zustand II in den Zustand I übergeht. Ein zweiter Versuch mit B würde jetzt nicht 3, sondern 2 liefern.

Stellen wir uns einen Experimentator vor, der die operationellen Eigenschaften dieser Maschine nicht so wie wir kennt, sondern sie erst durch eine Reihe von Experimenten ermitteln will. Nehmen wir an, daß sich die Maschine im Zustand I befindet, wenn er mit seinem Experiment beginnt und er ihr das Eingangssymbol A anbietet. Wie wir sehen, die Maschine respondiert mit y = 1:

$$Op_I(A) \rightarrow 1$$
$$Op_A(I) \rightarrow I$$

und ihr innerer Zustand bleibt derselbe (zweite Gleichung). Wiederholt er dasselbe Experiment, so erhält er dasselbe Resultat und könnte verführt werden zu glauben, es handle sich um eine triviale Maschine. Er versucht es nun mit B und erhält zunächst 2. Aber die Maschine hat jetzt ihren inneren Zustand von I zu II geändert, und wenn jetzt B wiederholt wird, ist nicht 2, sondern 3 das Resultat.

Ein nervöser Versuchsleiter könnte auf A zurückgehen, um sich zu überzeugen, daß er nicht verrückt geworden ist, erhält aber zu seinem Schrecken nicht 1 wie vorher, sondern 4. Versucht er's noch einmal, so erscheint wieder die freundliche 1, und die ganze Episode erscheint wie ein böser Traum usw. usw.

Ich könnte solche verwirrenden Beispiele fortsetzen, überlasse das aber neugierigen Lesern. Auf was ich hier aufmerksam machen möchte, ist, daß selbst für eine NTM, deren funktionelle Organisation denkbar einfach ist, das analytische Problem, das heißt die Frage »Was für eine Maschine ist das?«, nicht trivial ist. In der Tat, das analytische Problem, auch »Identifikationsproblem« genannt, für nicht-triviale Maschinen ist in den meisten Fällen praktisch, und in vielen Fällen faktisch, unlösbar. Ich habe einmal ausgerechnet, wie viele verschiedene nicht-triviale Maschinen man konstruieren kann, wenn die Anzahl der Ein- und Ausgangssymbole gegeben ist[7]. In der folgenden Tabelle 3 gebe ich einen Ausschnitt dieser erstaunlichen Resultate für die Anzahl der möglichen nicht-trivialen Maschinen, wenn die Anzahl sowohl der Eingangs- als auch der Ausgangssymbole einmal 2, dann 4, und schließlich 8 beträgt:

Tabelle 3

Anzahl der E/A Symbole	Anzahl der möglichen nicht-trivialen Maschinen
2	$2^{16} = 65536$
4	$2^{8192} = 10^{2466}$
8	$2^{3 \cdot 2^{30}} = 10^{969685486}$

Wenn man von unserer soeben besprochenen Versuchsmaschine nicht mehr weiß, als daß sie durch die jeweils vier Eingangs- und Ausgangssymbole charakterisiert ist, dann hat man unter den etwa

$$10^{2466}$$

möglichen Maschinen nach der von uns gegebenen zu suchen. Wenn man bedenkt, daß nach Eddington die Anzahl der Elementarbausteine im Universum nur etwa

$$10^{72}$$

beträgt oder daß die Welt nur

$$3 \cdot 10^{23} \text{ Mikrosekunden}$$

alt ist, wird man das praktisch unlösbare analytische Problem der experimentellen Identifikation einsehen.

Darüber hinaus hat aber Arthur Gill gezeigt, daß es funktionelle Organisationen solcher Maschinen gibt, die prinzipiell nicht durch eine endliche Versuchsfolge erschlossen werden können[8]. Mit dieser Einsicht schließt sich Gill seinen zwei anderen großen erkenntnistheoretischen Grenzsetzern an:

Gödel: Unvollständigkeits-Theorem
Heisenberg: Unschärfe-Relation
Gill: Unbestimmbarkeits-Prinzip

So ähnlich, wie ich es für die trivialen Maschinen gemacht habe, möchte ich hier die charakteristischen Eigenschaften der nicht-trivialen Maschinen zusammenfassen.

Nicht-triviale Maschinen sind:

1. synthetisch determiniert;
2. analytisch unbestimmbar;
3. vergangenheitsabhängig;
4. unvoraussagbar.

Nach diesen Bemerkungen über das Verhalten der nicht-trivialen Maschinen sehnt man sich zurück nach ihren unproblematischen trivialen Schwestern. Aber kann man je eine finden? Alle erhältlichen Maschinen sind nicht trivial, auch wenn man noch so hohe Preise für ihre Trivialität bezahlte. Selbst ein Rolls-Royce wird seine Kugellager abnützen oder gar mitten auf der Straße stehen bleiben, wenn der Treibstoff verbraucht ist: Vergangenheitsabhängigkeit einer nicht-trivialen Maschine. Ein Skandal! Wenn immer sich beunruhigende Zeichen von Nicht-Trivialität andeuten, eilen wir zu den Fachleuten, deren Beruf es ist, zu trivialisieren. Ja, manchmal versuchen wir sogar, unsere Mitmenschen zu trivialisieren, denn man könnte sich dann manche Überraschung ersparen!

Ich hoffe mit der Besprechung der trivialen und nicht-trivialen Maschinen genügendes Material herangetragen zu haben, um es zumindest plausibel zu machen, daß die wesentlichen Züge einer Erkenntnistheorie fundamental verschieden ausfallen werden, je nachdem ob man die »Welt« als eine triviale oder nicht-triviale Maschine sehen möchte und ob in der Vorstellung dieser Welt Lebewesen, unsere Mitmenschen, ja sogar wir selbst, einen Platz finden sollen.

Bei meinen Umfragen habe ich im allgemeinen die Neigung gefunden, in einer zu entwickelnden Erkenntnistheorie die Existenz unserer Mitmenschen nicht zu verleugnen.

Auch konnte ich feststellen, daß man eher geneigt ist, das Verhalten seiner Zeitgenossen mit dem der nicht-trivialen Maschinen zu vergleichen. Aber da entsteht die Frage, wie verhält man sich gegenüber einer Welt, die analytisch unbestimmbar, vergangenheitsabhängig und unvoraussagbar ist?

Ich sehe drei Antworten:

1. Ignoriere die Frage;
2. Trivialisiere die Welt;
3. Entwickle eine Epistemologie der Nicht-Trivialität.

Ich werde in den zwei verbleibenden Schritten versuchen, eine Antwort im Sinne der dritten Variante zu skizzieren.

4. Schließung

Nach diesem Gewaltmarsch durch ein für viele ungewohntes – sogar fremdes – Gebiet, muß ich Sie wieder auf unseren Ausgangspunkt, das neurophysiologische Prinzip der undifferenzierten Codierung, zurückführen. Wie Sie sich erinnern, entsteht durch die lediglich quantitative Codierung aller Reize das ungeheuerliche Problem, wie unsere kognitiven Prozesse organisiert sind, so daß der Reichtum unserer Erfahrungsqualitäten entsteht.

Als vor gar nicht so langer Zeit diese Frage in ihrer vollen Bedeutung gesehen wurde, war der erste Impuls, zu suchen, ob nicht schon früher diese Frage, wenn nicht in dieser, so doch in einer anderen Form behandelt wurde. In der Tat, zwei große Denker, der französische Mathematiker Henri Poincaré und der Schweizer Epistemologe Jean Piaget, hatten bereits die entscheidenden Schritte zur Beantwortung dieser Frage gemacht.

Poincaré war fasziniert von Geometrien, die sich nicht nur auf die Ebene oder auf den Raum beziehen, sondern sich mit Räumen höherer Dimensionen beschäftigen. Zunächst erscheinen solche Räume als reines Hirngespinst – aber vielleicht hilft eine Analogie die Idee dieser höheren Dimensionen zu verdeutlichen! So wie ein Raum der dritten Dimension dadurch entsteht, daß man auf jedem Punkt eines Raumes der zweiten Dimension (einer Ebene, einem Blatt Papier etc.) eine Senkrechte auf diese Ebene fällt, so entsteht ein Raum der vierten Dimension, wenn man auf jeden Punkt des uns geläufigen 3dimensionalen Raums eine Senkrechte auf diesen Raum fällt. Leicht gesagt, aber wie getan?

So ähnlich würde auch ein Flächler fragen, wenn wir ihm 3dimensionale Geometrie zu erklären versuchten[9]. Aber so ähnlich fragte auch Poincaré: Wie kann ich solche Geometrien beschreiben, so daß man es versteht, es begreift?

»Begreift?« Begreifen, *comprendre, grasp*, das tut man nicht mit den Augen und Ohren, das macht man mit den Händen! Diese Beobachtung verleitete Poincaré zu fragen: Wie konstruieren wir die Vorstellung eines Raumes, also einer dritten Dimension, wenn wir auf der Retina Bilder von nur zwei Dimensionen zur Verfügung haben? »Begreifen« war das Stichwort, und in einer kurzen und eleganten Arbeit »L'espace et la géométrie«[10] bewies er vor fast hundert Jahren, daß Mannigfaltigkeiten von höheren Dimensionen nur dann erlebt, verstanden und begriffen werden können, wenn die Veränderungen der Sensationen mit einer willkürlichen Veränderung der Position der Sinnesorgane korreliert werden.

Eine Paraphrase dieser Beobachtung wäre, daß man von den verschiedenen Sinnesorganen nicht Bestätigung oder Konfirmation eines Perzepts erhält (man kann ja nicht hören, was man sieht), sondern das Erlebte ist eine Bezugsetzung, eine Korrelation der von den verschiedenen Sinnen gelieferten Signale[11].

Verallgemeinert man die Poincarésche Einsicht, so deutet sie im wesentlichen auf eine zirkulare Organisation der kognitiven Prozesse: die vom Motorium erzeugten Änderungen im Sensorium sind wiederum für Veränderungen im Motorium verantwortlich usw. (Abbildung 6).

Unabhängig von Poincaré hat etwa vierzig Jahre später Jean Piaget in seinem berühmten Centre International d'Epistémologie Génétique durch das eingehende Studium der Entwicklung kognitiver Kompetenzen in Winzlingen, also von ganz anderer Seite kommend, analoge Einsichten gewonnen. Wir alle haben ja einmal zuerst mit Vergnügen – später vielleicht mit Verdruß – erlebt, wie unsere Kleinen in der Gehschule für eine kurze Zeit mit einem Spielzeug zufrieden erscheinen, es dann aber (überdrüssig) aus ihrer Gehschule hinauswerfen, von wo es geduldige Mütter wieder in die Gehschule zurücklegen, aus der es nach ein paar Minuten wieder herausfliegt, und so weiter. Was Piaget bei diesen Herausschmeiß-Zurücklege-Spielen und ähnlichen anderen auffiel, war nicht nur deren Zirkularität und lange Dauer, sondern auch die zunehmende senso-motorische Kompetenz des Kindes gegenüber dem bestimmten Spielzeug – Ball, Rassel, Puppe etc. –, das es manipulierte.

Schon sehr früh war es Piaget klar, daß die Aufbauvorgänge dieser Kompetenzen mit einer Konstruktion verglichen werden können. Daher gab er auch dem Buch, das 1933 die Ergebnisse

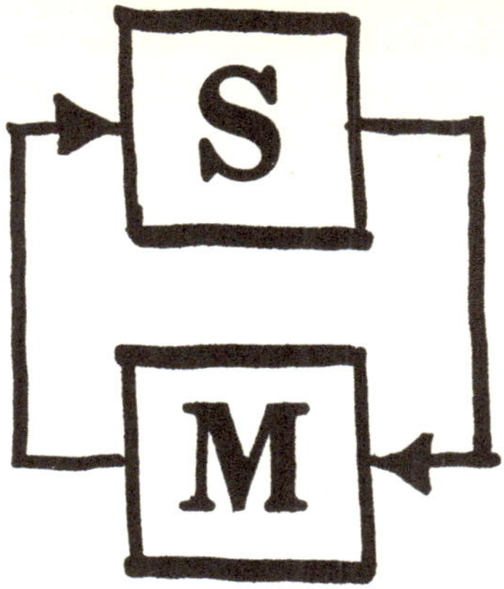

Abb. 6: Wechselwirkung von Sensorium und Motorium

dieser Untersuchungen veröffentlichte, den Titel »Die Konstruktion der Wirklichkeit beim Kind«[12].

Ich halte Piagets Einsicht in die Entwicklungsvorgänge sensomotorischer Kompetenzen so grundlegend für das Verständnis des Konstruktivismus, daß ich nicht widerstehen kann, Ihnen ein paar Sätze aus einem Vortrag vorzulesen, den der 79jährige bei der Eröffnung des Symposiums »On Language and Learning« in der Abtei von Royaumont gehalten hat, wo vielleicht der bedeutendste Kreis seiner schärfsten Widersacher versammelt war[13]. Der Titel seiner Ansprache war: »Die Psychogenese von Wissen und ihre epistemologische Bedeutung«, und er begann sie mit den folgenden Worten:

»Fünfzig Jahre von Erfahrung haben uns gelehrt, daß Kenntnis, Wissen, Verstehen nicht lediglich aus einem Registrieren von Beobachtung erwächst, ohne daß nicht gleichzeitig eine strukturierende Aktivität des Subjekts stattfindet. Eine Epistemologie, die mit den Daten der Psychogenese übereinstimmt, kann sich weder auf eine Empirik noch auf einen Präformismus stützen, sondern kann nur auf einem Konstruktivismus basieren, mit einer sich stets erneuernden Auswertung neuer Operationen und Strukturen.«

»Keine Erkenntnis kommt allein durch Perzeptionen, denn

diese sind immer von Aktionsschemata begleitet, Erkenntnis, also, entspringt aus Tätigkeit. Immer ist ein Beobachtetes, oder ein »Faktum«, vom Moment der Beobachtung an interpretiert. Der Gesamtprozeß der Konzipierung von Seiten des Subjekts schließt die Existenz ›reiner Fakten‹ als völlig außerhalb des Subjekts aus, um so mehr als ja das Subjekt die Phänomene verändern muß, um sie zu assimilieren ...«

Immer wieder betont Piaget die Notwendigkeit der Aktion als eine Voraussetzung für Perzeption, die wiederum die Voraussetzung für neue Aktion ist. Beachten Sie bitte im zweiten Paragraph die amüsante Parallele von Piagets Behandlung von »Fakten« mit Batesons Behandlung von »Fiktion«. In welcher Weise können uns jetzt die Einsichten von Poincaré und Piaget bezüglich der Zirkularität der kognitiven Prozesse helfen, die Gegenständlichkeit der Welt zu verstehen oder, noch anspruchsvoller, das Verständnis dieser Gegenständlichkeit zu verstehen?

Der vorhin entwickelte Formalismus der »Maschinen« kommt hier zu Hilfe, denn wir müssen lediglich untersuchen, wie sich solche Maschinen verhalten, wenn ihre Wirkungen zu ihren Ursachen werden. Wir müssen also die Kette Ursache/Wirkung zu einem Kreis schließen, mit anderen Worten, der Maschine erlauben, ihr eigenes Ausgangssymbol zu »lesen«, das heißt, es zum nächsten Eingangssymbol werden zu lassen.

Abbildung 7 zeigt diese »Schließung«, und die etwas ungewohnte Form eines mathematischen Ausdrucks deutet auf den Wechsel von kursivem zu re-kursivem Rechnen. Was ist nun der Einfluß dieser Schließung auf das Verhalten der Maschine?

Wir beginnen mit einem Eingangssymbol x_0, das ich mit dem Index o versehe, um anzudeuten, daß wir das Verhalten der Maschine »ab ovo« verfolgen wollen. x_0 ist, sozusagen, die »Ur-Sache« für die Kaskade weiterer Operationen. Die Wirkung der ersten Operation

$$Op(x_0) \rightarrow y_1$$

ist natürlich das erste Ausgangssymbol y_1, das aber sofort – zufolge der Schließung – zum Eingangssymbol für den nächsten Schritt wird:

$$y_1 = x_1$$

also

$$Op(x_0) = x_1$$

oder

$$x_1 = Op(x_0)$$

Die beiden verschiedenen Schreibweisen drücken denselben Sachverhalt aus, aber mit verschiedener Syntax. Der erste Ausdruck sagt: »Operiere mit x_0 und du erhälst x_1«; der zweite: »x_1 ist das Resultat der Operation mit x_0«.

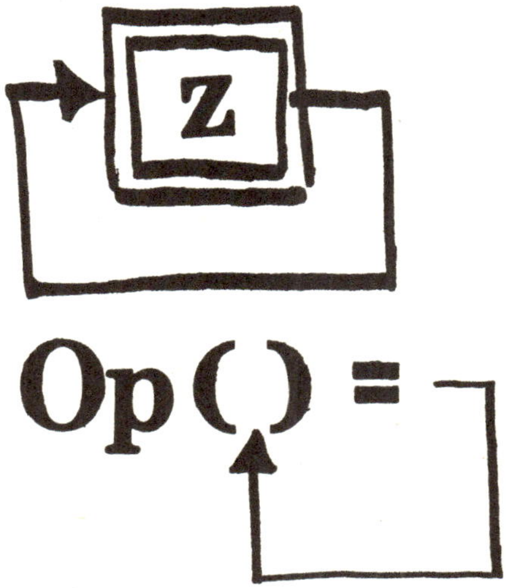

Abb. 7: Geschlossener Wirkungskreis

Der nächste Schritt ist die Operation mit x_1, und man erhält x_2:

$$x_2 = Op(x_1)$$

Da uns der Zwischenträger x_1 nicht interessiert, können wir auf die Ur-Sache zurückgreifen, indem wir den vorigen Ausdruck für x_1 in den obigen Ausdruck einsetzen:

$$x_2 = Op(Op(x_0))$$

REKURSIONEN

x_0 ....primäres Argument

(Zahlen, Anzahlen, Anordnungen, Zahlenreihen, Vektoren, Funktionen, Propositionen, Verhaltensweisen (ausgedrückt durch Bewegungsgleichungen, temporal-propositionelle Ausdrücke (Pitts/McCulloch) usw./?/), usw./?/)

Op ein Operator
(Funktion, Transformation, Algorithmus, Umordnung, Funktional, usw....)

$$x_1 = Op(x_0)$$
$$x_2 = Op(x_1) = Op(Op(x_0))$$
$$x_3 = Op(x_2) = Op(Op(Op(x_0)$$
.
.
$$x_n = Op(Op(Op(Op(Op......(x_0)))))$$
.
.
$$x_{oo} = Op(Op(Op(Op(Op(Op(Op(Op(Op(Op(Op(Op(Op(Op(Op(Op(Op(Op(Op$$

Der entscheidende Schritt:
ersetze die unendliche "Op-Kaskade" durch x_{oo}:

$$x_{oo} = Op(x_{oo})$$
$$x_{oo} = Op(Op(x_{oo}))$$

und so weiter.

x_{oo} sind:

die "Eigenwerte", Eigenfunktionen", "Eigenverhalten" etc. des Operators Op.

Abb. 8: Formalismus rekursiver Operationen

Der nächste Schritt ist jetzt leicht vorauszusehen:

$$x_3 = Op\,(Op(Op(x_0)))$$

und so weiter.

In Abbildung 8 »Rekursionen« sehen Sie zusammenfassend, was geschieht, wenn man diese rekursiven Operationen unermüdlich weiter treibt.

Schließlich kommt man zu einer unendlich langen Kaskade von Operationen mit Operationen mit... Was hat das noch für einen Sinn – wenn überhaupt?

Man ist natürlich schon früher auf solche Ausdrücke gestoßen und hat sie als unbrauchbare Sackgassen des Denkens entlassen: die Schuhwichsschachtel mit dem Schusterbuben, der in seiner Hand eine Schuhwichsschachtel mit einem Schusterbuben hält, der in seiner Hand eine Schuhwichsschachtel mit einem Schusterbuben hält... ad infinitum.

Wiederum war es erst kürzlich, daß der entscheidende Schritt zum Verständnis unendlicher Rekursionen – und zwar nur *unendlicher* Rekursionen – gemacht wurde. Besinnt man sich, daß das »ist gleich«-Zeichen symmetrisch ist, das heißt, wenn

$$A = B$$

dann gilt auch

$$B = A$$

so ist nicht nur x_∞ mit einer unendlichen Kaskade von Operationen gleichzusetzen, sondern eine unendliche Kaskade von Operationen kann durch x_∞ ausgedrückt werden. Wenn das durchgeführt wird, erhält man eine einfache Gleichung

$$x_\infty = Op(x_\infty)$$

die man für x_∞ auflösen kann.

Ich möchte hier auf zwei Punkte aufmerksam machen. Der eine ist, daß der Endwert x_∞ so beschaffen ist, daß eine Operation mit ihm ihn wieder selbst produziert: ein durch die Operation sich reproduzierender Wert. Wir sind schon früher auf diese Situation gestoßen, als ich von selbstbezüglichen Propositionen sprach, die nur selektiv paradoxiefreie Lösungen zuließen. Wie dort heißen auch hier diese Lösungen »Eigenwerte«, »Eigenfunktionen«, »Eigenoperatoren« etc., je nach der Natur des Operators oder nach der Natur jener Wesenheit, die die »Maschine« verkörpert.

Ich könnte noch viel über andere faszinierende Eigenschaften dieser Eigenwerte berichten, möchte jetzt aber den anderen von mir vorher angedeuteten Punkt erwähnen, nämlich die Abwesenheit eines bemerkbaren Einflusses der Ur-Sache x_0 auf das Endresultat. Stellt der Operator Op gewisse kognitive Prozesse eines Organismus dar, x_0 den Anfangswert der Verhaltenskaskade und x_∞ das dem Operator zugehörige Eigenverhalten, so wäre es doch ganz selbstverständlich anzunehmen, daß das endgültige Eigenverhalten x_∞ die Wirkung der Ur-Sache x_0 darstellt. Da aber die Eigenwerte, oder das Eigenverhalten, sich als unabhängig von den Anfangsbedingungen herausstellen, kann man die »Ur-Sache« nicht für das schließliche Verhalten des Organismus verantwortlich machen.

Will man hier noch immer nach einer Ursache/Wirkungs-Relation suchen, dann kann man sie nicht in dem Paar Reiz/Reaktion suchen, sondern nur dort, wo Zugehörigkeit besteht, und die findet man im Paar Op/x_∞, oder, in Worten, im Paar Organismus/Verhaltensweise. Nicht der Reiz, sondern der Organismus ist für sein Verhalten verantwortlich.

Ich möchte diese Ideen an einem einfachen Zahlenbeispiel demonstrieren. Es sei die Operation Op das Ziehen der Quadratwurzel

$$Op() = \sqrt{}$$

dann finden wir den zur Quadratwurzel zugehörigen Eigenwert x_∞ durch Erfüllung der Forderung, daß die Quadratwurzel dieses Wertes ebendiesen Wert erzeugen soll:

$$x_\infty = \sqrt{x_\infty}$$

Quadrieren wir beide Seiten

$$x^2_\infty = x_\infty$$

und kürzen durch x_∞, so erhalten wir

$$x_\infty = 1$$

Das heißt »1« ist der der Wurzeloperation zugehörige Eigenwert. In der Tat

$$\sqrt{1} = 1$$

Sehen wir doch zu, wohin eine rekursive Anwendung der Wurzeloperation führt. Setzen wir den Anfangswert beispielsweise mit 137 (Spalte A) oder mit 0,00730 (Spalte B) fest:

A	B
INITIAL X = 137	INITIAL X = 0.00730
11.70469991	0.0854400374
3.42121322	0.2923012785
1.84965218	0.540648942
1.36001918	0.7352883394
1.1661986	0.8574895564
1.07990675	0-9260073198
1.03918561	0.9622927412
1.01940453	0.980965209
1.00965564	0.9904368778
1.00481622	0.9952069522
1.00240521	0.9976005975
1.00120188	0.9987995782
1.00060076	0.9993996089
1.00030033	0.9996997594
1.00015015	0.9998498684
1.00007507	0.9999249314
1.00003753	0.999962465
1.00001876	0.9999812323
1.00000938	0.9999906161
1.00000469	0.999995308
1.00000234	0.9999976539
1.00000117	0.9999988269
1.00000058	0.9999994134
1.00000029	0.9999997067
1.00000014	0.9999998533
1.00000007	0.9999999266
1.00000003	0.9999999632
1.00000001	0.9999999815
1	0.9999999907
1	1

Wie man sieht, nähern sich die Werte schnell dem Eigenwert 1. Schon nach 22 Rekursionen ist man nur ein Millionstel und nach 28 gar nur ein Milliardstel vom Gleichgewichtszustand entfernt. Die folgende Schreibweise macht vielleicht die Komplementarität der (rekursiven) Wurzeloperation mit ihrem Eigenwert 1 besonders deutlich:

$$1 = \sqrt{\sqrt{\sqrt{\sqrt{\sqrt{\sqrt{\sqrt{\sqrt{\sqrt{\cdots}}}}}}}}}$$

Für Leser, die sich für eine ausführlichere mathematische Entwicklung oder für Beispiele aus anderen Gebieten interessieren, verweise ich auf die Literatur[14,15,16].

Nach diesen mehr theoretisch orientierten Beispielen möchte ich über eine Reihe von Experimenten berichten, die wir vor einiger Zeit im Biological Computer Laboratory der University of Illinois durchgeführt haben[11,17,18]. Es wurde zu dieser Zeit immer klarer[19,20]: Der Schlüssel zur Perzeption sind nicht die Sinnesorgane allein, sondern ihr Wechselspiel mit dem Bewegungsapparat; oder, wie mein Freund Humberto Maturana zu sagen pflegte: »Man sieht mit den Beinen.« Um die Stichhaltigkeit dieser Gedanken auf eine kritische Probe zu stellen, planten wir ein Experiment, das Henri Poincaré bestimmt Spaß gemacht hätte. So wie er, der argumentierte, daß erst die Auge/Hand-Korrelation beim Hantieren von Gegenständen Raumperzeption ermöglicht, so argumentierten wir, daß das Erleben, das Verstehen, das »Begreifen« einer vierdimensionalen Welt nur dann möglich würde, wenn man vierdimensionale Gegenstände hantieren könnte. Da wir weder erlernte noch vererbte Verhaltenskompetenzen gegenüber einer 4-D-Welt besitzen, würde ein Erfolg mit diesem Experiment auch ein Erfolg für die senso-motorische Korrelationsthese sein.

Ich habe schon früher mit einer Analogie angedeutet, wie man aus Räumen niederer Dimension solche mit höheren Dimensionen herstellt. Ebenso kann man mit Objekten vorgehen. Wir alle haben schon einmal einen Würfel aus Pappdeckel gebaut. Die einzelnen Schritte sind etwa die folgenden (Abbildung 9):

a) Man zeichnet zuerst ein Grundquadrat (schwarz); versieht die vier Kanten mit je einem Quadrat und hängt, in Voraussicht, an eines dieser Quadrate noch eines für einen Deckel an.
b) Um die Kanten des Grundquadrates faltet man dann aus der

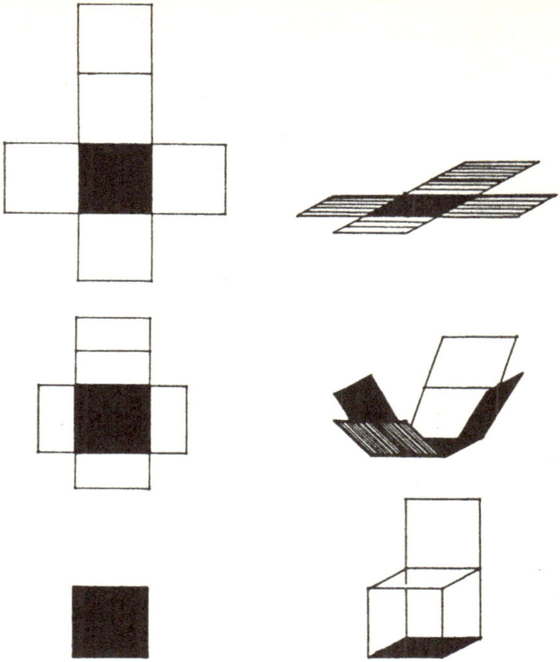

Abb. 9: Wie man einen Würfel aus sechs Quadraten herstellt.

Fläche die vier Quadrate samt Deckel in die dritte Dimension (beachte die Verkürzung der Seiten in der Projektion), so lange, bis die Projektionen der Seiten auf die Papierebene verschwinden.

c) Während die Vertikalprojektion wieder nur ein Quadrat zeigt, sieht man in der Schrägprojektion die vier aufgestellten Quadrate und den noch nicht heruntergeklappten Deckel: Schlamperei! Ein kleiner Stoß, der Deckel fällt herunter, und der 3-D-Würfel ist fertig.

Genauso gehen wir jetzt vor, wenn wir einen 4-D-Würfel bauen wollen.

a) Man baut zuerst einen Grundwürfel (auf Abbildung 10 verdeckt), dessen sechs Flächen man mit je einem Würfel versieht

a

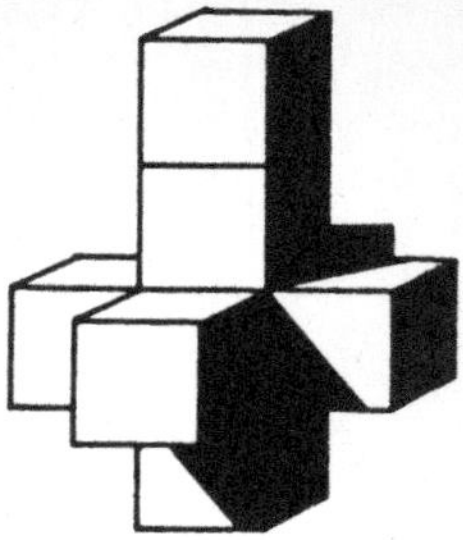

b

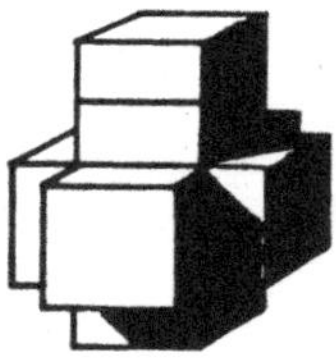

c

Abb. 10: Wie man einen Tesseract aus acht Würfeln herstellt.

und verbindet, in Voraussicht, mit einem dieser Würfel noch einen für einen Deckel.

b) Um die Flächen des Grundwürfels faltet man dann aus dem Raum die sechs Würfel samt Deckel in die vierte Dimension, so lange, bis die Projektionen der Würfel in unserem Raum verschwinden. Ein kleiner Stoß wird auch hier den Deckel schließen.

c) Wie bei dem 3-D-Würfel die Normalprojektion in die Ebene nur ein Quadrat erzeugte, so erzeugt eine Normalprojektion eines 4-D-Würfels, eines Tesseracts, nur einen 3-D-Würfel. Erst wenn das Gebilde schräg projiziert wird, wird seine höhere Mannigfaltigkeit offenbar, wie aus Abbildung 11 hervorgeht.

Was können wir mit dieser intellektuellen Akrobatik anfangen? Ich wollte doch zeigen, daß die vierte Dimension anschaulich wird, wenn sie auch be-griffen werden kann, das heißt, wenn man in die vierte Dimension »hineingreifen« und dort vierdimensionale Gegenstände hantieren kann.

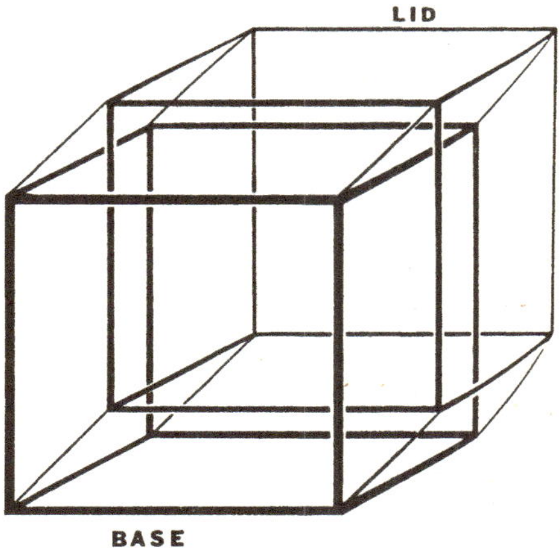

Abb. 11: Schräge Projektion eines mit seinem Grundwürfel (BASE) parallel zu unserem Raum stehenden Tesseract mit geschlossenem Deckel (LID). (Vergleiche mit Abbildung 10c.)

Dank der freundlichen Rechenmaschinen, die keine Dimensionalität kennen, läßt sich dieses Vorhaben durchführen, indem man der Versuchsperson (VP) Manipulatoren zur Verfügung stellt, die »on-line« mit einem schnellen Rechner gekoppelt sind. Gemäß den Stellungen der Manipulatoren schreibt dieser Rechner zwei zugehörige zweidimensionale Projektionen eines vierdimensionalen Körpers auf den Schirm einer Kathodenstrahlröhre, die, von der VP durch ein Stereoskop betrachtet, als dreidimensionale im Raum schwebende Projektionen dieses Körpers gesehen werden.

In den Abbildungen 12a, b, c sehen Sie die stereoskopischen Paare einiger 4-D-Gebilde, mit denen wir unsere Versuche in 4-D-Perzeption durchführten. Sie können diese Figuren auch ohne Stereoskop in ihrer Dreidimensionalität bewundern, wenn Sie ein paar Minuten in die Sehübung investieren, die der Bildbeschreibung angeschlossen ist.

Was diese Abbildungen zeigen, sind die stereoskopischen Paare je eines Tesseracts, eines händigen Blocks von einem Soma-Würfel (ein dreidimensionales Gebilde, das Händigkeit unter einer vierdimensionalen Rotation wechselt) und eine Repräsentation einer Klein-Flasche durch zwei Möbiusbänder, bei denen entsprechende Punkte in der vierten Dimension verbunden sind.

In der Versuchsanordnung kann entweder der Versuchsleiter (VL) oder die VP selbst die auf den Schirm geschriebenen Projektionen über die zwei Manipulatoren mit je drei Freiheitsgraden kontrollieren, wobei die rechte Hand die drei Rotationen in der xy, xz, yz Ebene unseres Raumes isomorph steuert, die linke Hand aber die drei in der vierten Dimension, nämlich wx, wy, wz. Ich kann berichten, daß die Einsicht, es handle sich bei jedem einzelnen dieser sich in merkwürdiger Weise verändernden Gebilde um nichts anderes als die Projektionen des ursprünglichen vierdimensionalen Objektes – einer »erzeugenden Invariante« –, bei den meisten naiven VP durch ein lautes und begeistertes »AHA!« in etwa 20 bis 40 Minuten mitgeteilt wird, wenn sie die Manipulatoren selber benützen dürfen. Man kann dieses »AHA!« prüfen, indem man den VP Probleme zu lösen gibt, wie, zum Beispiel, einen soliden Tesseract in einen deckellosen größeren zu legen. Aber hier ist es nicht anders, als wenn das »Problem« gestellt wird, einen Würfel in eine kubische Schachtel zu legen: Es wird nicht als Problem empfunden. Man legt den Würfel (Tesseract) in die Schachtel (offener Tesseract).

Ein unerwartetes und amüsantes Ergebnis war die Assoziation von »Schwere« der 4-D-Gegenstände mit der einstellbaren Viskosität der Manipulatoren; je größer die Viskosität, desto schwerer wurden die Gegenstände empfunden. In einem Fall wurde behauptet, der manipulierte Pentachorer (ein 4-D-Tetraeder) sei aus Blei! Hätten wir wiederum unserer Sprache zugehört, so hätten wir das alles schon gewußt: ist doch ein Gegen-stand das, was mir entgegen stand[23].

VP, die nicht die Gelegenheit hatten, die Manipulatoren selbst zu benützen, sondern nur dem VL zusehen konnten, wie er die Bilder auf dem Bildschirm variierte und dabei geduldig die jewei-

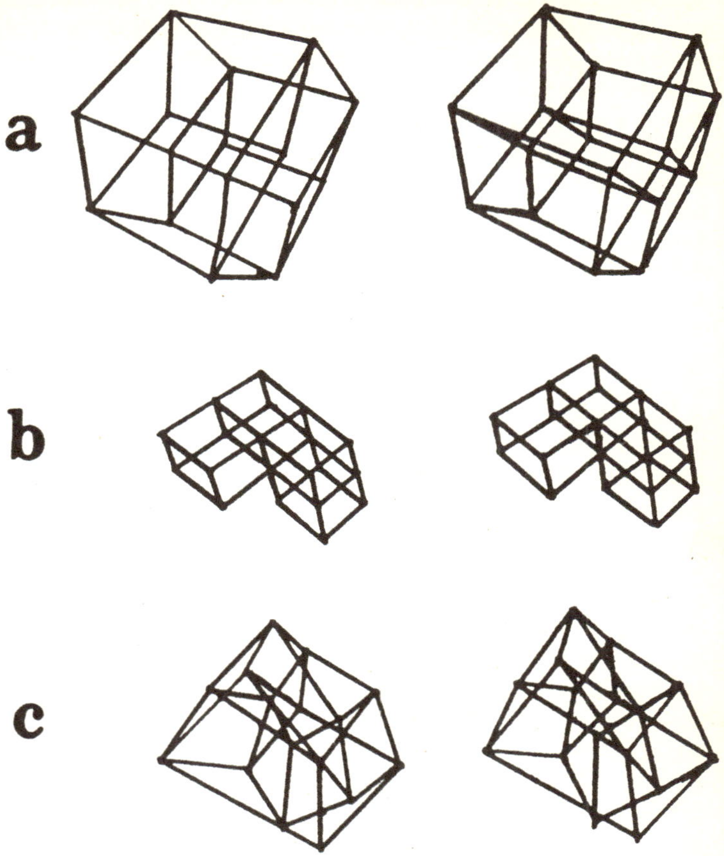

Abb. 12: Stereoskopische Paare von drei verschieden schräg zu unserem Raum projizierten Hyperkörpern: (a) Tesseract; (b) Soma-Würfel; (c) Klein-Flasche. Die Figuren erscheinen ohne Stereoskop dreidimensional, wenn man sie mit gekreuzten Augenachsen fixiert. Fixiere einen zwischen Papierebene und Auge gehaltenen Zeigefinger bis das stereoskopische Paar im Hintergrund in ein einziges Bild verschmilzt. Übertrage Fixierpunkte von Finger zu Papier, ohne die Augenachse zu verändern. Bei Betrachtung durch ein Stereoskop vertausche links mit rechts.

lige Geometrie erklärte, konnten wohl intellektuell die Situation erfassen, aber beklagten sich, daß ihnen das »richtige Verständnis« selbst nach Tagen des Zuschauens und Zuhörens abginge. Ich würde also wieder sagen: Da ihnen nichts entgegenstand, wissen sie nichts vom Gegenstand.

Ich kann dieses Kapitel über Schließung nicht abschließen, ohne die Arbeiten der chilenischen Neurologen und Biologen Humberto Maturana, Francisco Varela und Ricardo Uribe zu erwähnen, die die Organisation des Lebenden auf eine thermodynamisch offene, aber organisatorisch geschlossene Wesenheit aufbauen[21,22]. Sie nannten diese Organisation »Autopoiesis«, vom griechischen αυτος = »selbst« und ποίησις = »ein Machen«, »Poesie«. Die Idee ist, eine Organisation von produktiven Reaktionen zwischen Komponenten (K1), (K2), (K3)... eines Systems zu identifizieren, die so aufgebaut ist, daß die Reaktionsprodukte genau wieder diese Komponenten (K1), (K2), (K3)... sind. Nach all dem, was wir besprochen haben, werden Sie verstehen, wenn ich sage: »Leben ist ein Eigenprozeß.«

5. Ein-Schließung

Im vorigen habe ich mich bemüht, mein Postulat Nummer 1 »Ein lebender Organismus ist eine selbständige, autonome, organisatorisch geschlossene Wesenheit« mit formalen und experimentellen Beispielen auf eine breitere Basis zu stellen. Meine Strategie war dabei, eine Referenz zu einer »Welt da draußen« zu diskreditieren, wo immer ich konnte. Zuletzt habe ich sogar versucht, Gegenstände überhaupt zum Verschwinden zu bringen: die VP, die mit ihren Manipulatoren Tesseract, Pentachora und andere 4-D-Gegenstände jonglieren, jonglieren letzten Endes nur ihr eigenes Jonglieren: Da gab's ja gar keine Tesseracts, Pentachora etc., die hatten ja das alles nur in ihrem Kopf. Man sieht, zum Schluß bleibt nichts anderes übrig als jener Kopf, der von sich sagt: »Ich allein bin!« Wir sind beim Solipsismus angelangt.

Meine Absicht ist jetzt, den Solipsismus zu benützen, sich selbst logisch umzustülpen, oder – wie Paul Watzlawick das schon gesagt hat – sich wie Münchhausen mit seinem Zopf und Wittgenstein mit seiner Leiter aus den jeweiligen Affären herauszuziehen und herauszuklettern.

Ich werde weder einen Zopf noch eine Leiter benützen. Mein Zopf oder meine Leiter ist das Relativitätsprinzip. Obwohl dieses Prinzip die logische Voraussetzung für Einsteins Relativitätstheorie darstellt, dürfen die beiden nicht verwechselt werden. Das Relativitätsprinzip sollte eher das »Relativitätspostulat« genannt werden, denn es setzt Bedingungen fest, unter denen eine Theorie, eine Hypothese, angenommen oder abgelehnt wird. Es lautet:

»Eine Hypothese, die sowohl für A als auch für B gültig ist, wird verworfen, wenn sie nicht auch für A *und* B gemeinsam gilt.«

Mit A,B sind die Bereiche gemeint, für die die Hypothese gelten soll. Lassen Sie mich dieses Prinzip an einem alten kosmologischen Disput demonstrieren.

Es ist doch unmittelbar klar, daß die Sonne im Osten auf- und im Westen untergeht, daß sich das Sternenfirmament um uns herumdreht und daß wir im Zentrum eines grandiosen Theaters in Ruhe dieses Schauspiel bewundern können. Unter all den himmlischen Körpern gibt es außer Sonne und Mond ein paar unstete Gesellen, die gegenüber allen andern Sternen einmal vorwärts, ein andermal rückwärts wandern: Es sind das die Planeten. Apollonius von Perge hatte die geniale Einsicht, daß, wie ein Schiff, das einen Kreis umsegelt und von weitem den Eindruck erweckt, als bewege es sich nur hin und her, die Planeten um Mittelpunkte kreisen, die wiederum selbst (so wie die Sonne) sich um uns drehen: Das sind die Epizykeln. Mit dieser Geometrie war es möglich, Konjunktionen und Oppositionen der Planeten genau zu berechnen und vorauszusagen. Ptolemäus übernahm diese Idee in seinem Almagest, dem astronomischen Standardwerk für die nächsten 1500 Jahre.

Um rechnerische Vereinfachungen zu erreichen, erdachte man sich im sechzehnten Jahrhundert Modifikationen dieser Geometrie, bei denen die Rotationszentren verschoben wurden. So war eine, die Erde als Zentrum für die Rotationen von Sonne und Mond zu belassen und die Sonne als das Rotationszentrum für die Planeten zu erklären (Tycho Brahe); eine andere war, zu versuchen, die Sonne als Rotationszentrum für Erde und Planeten zu benützen, den Mond jedoch um die Erde laufen zu lassen (Kopernikus), etc. Merkwürdigerweise hat niemand zu der Zeit versucht, einen anderen Planeten zum Rotationszentrum zu erklären, um zu sehen, wie die Bahnen der Himmelskörper von diesem Standpunkt aus zu sehen wären. Wer immer das versucht hätte, wäre vom Resultat überrascht gewesen: Alles sieht aus wie auf der Erde; die Sonne geht im Kreis herum, die andern Planeten bewegen sich in Epizykeln, der Beobachter steht im Mittelpunkt der Welt, die Planetozentrische Hypothese ist bestätigt. Das heißt, nicht nur ein Erdansässiger kann mit Recht behaupten, er sei der Mittelpunkt der Welt, so kann es der Marsbewohner, und der Venusbürger kann es auch.

Und wer ist wirklich im Mittelpunkt der Welt? Wer hat recht?

Das Relativitätsprinzip beantwortet diese Fragen: Keiner! Denn eine Hypothese, die sowohl für A (Erde) als auch für B (Mars) gültig ist, wird verworfen, wenn sie nicht auch für Erde und Mars gemeinsam gilt. Aber das kann sie nicht, denn Erde und Mars können nicht beide gleichzeitig Weltmittelpunkte sein.

Unter den verschiedenen Modifikationen gibt es jedoch eine, die das Relativitätsprinzip befriedigt, und das ist jene, die keinen Planeten, sondern die Sonne zum Weltzentrum erklärt. Jeder Planet für sich, und alle zusammen, können sich um die Sonne bewegen, ohne einen logischen Widerspruch zu erzeugen. Das heliozentrische System genügt dem Relativitätsprinzip.

Ich frage mich, was hätten die Kopernikaner damals als Antwort bekommen, hätten sie das Relativitätsprinzip gegen Geo- und für Heliozentrizität vorgebracht. Die Antwort, fürchte ich, wäre Verbrennungstod auf dem Scheiterhaufen gewesen.

Ich möchte jetzt dieses Prinzip auf den Solipsismus anwenden oder, besser gesagt, auf den Herrn in Abbildung 13, einen eingefleischten Solipsisten mit Melone und Aktentasche, der behauptet, er sei die einzige Realität, alles Übrige existiere nur in seiner Vorstellung. Er kann indessen nicht leugnen, daß seine Vorstellungswelt von Geistergestalten bewohnt ist, die ihm nicht unähnlich sind. Folglich muß er einräumen, daß diese Wesen ihrerseits darauf bestehen können, sich als einzige Realität, alles sonst aber als Produkt ihrer Einbildung zu betrachten. Auch ihre Vorstellungswelt wäre dann von Geistergestalten bevölkert, eine davon die des Herrn mit Melone und Aktentasche. Obwohl Solipsismus von jedem einzelnen adoptiert werden kann, dem Relativitätsprinzip gemäß muß man die solipsistische Hypothese verwerfen, denn sie kann nicht verallgemeinert werden.

Wie im heliozentrischen System erzeugt das Relativitätsprinzip ein Drittes, das als zentrale Bezugsgröße dient: Es ist die Vorstellungswelt. Externalisiert erzeugt sie das Medium, in dem die Beziehung zwischen dem Du und dem Ich sich verwirklicht. Ich existiere* durch den anderen und er durch mich: wir sind unser gegenseitiges Eigenverhalten. Daher ist das Wissen um den anderen mein Ge-wissen.

Ich habe mich bemüht, die sonst auf das Beobachtete gerichtete Aufmerksamkeit auf das Beobachtende zu lenken. Man merkt dann: Eigenschaften, die man in Dingen zu finden glaubt, liegen im Beobachter. Ein paar Beispiele:

Notwendigkeit: Die Möglichkeit, unfehlbar zu *de*duzieren.

Obszönität: Ich zeige jemandem ein Bild und frage ihn, ob es obszön sei. Er sagt: »Ja.« Ich weiß jetzt etwas über ihn, aber nichts über das Bild.

Ordnung: Die Kürze der Beschreibung einer Mannigfaltigkeit.

Reiz und Reflex: Pawlow war berühmt für seine ausführlichen und präzisen Laboratoriums-Protokolle. Jerzy Konorski, der polnische Experimentalpsychologe, hat das benützt, um Pawlows Arbeiten über den bedingten Reflex zu wiederholen[24]. Der natürliche Reflex eines Hundes auf einen Reiz »Anblick von Fleisch« ist Speichelsekretion. Verbindet man diesen bedingenden (conditioning) Reiz mehrmals mit einem zunächst neutralen, zum Beispiel dem Läuten einer Glocke, so kann schließlich der bedingende Reiz (Fleisch) weggelassen werden, und nur das Läuten der Glocke wird Sekretion verursachen. Konorski folgte genau dem Rezept bis zum kritischen Moment, bei dem von einem Assistenten die Glocke geläutet werden soll. Ohne dessen Wissen hatte Konorski den Klöppel aus der Glocke entfernt, und die geschwungene Glocke blieb stumm. Der Hund jedoch sekretierte! Daraus

* Ich benütze hier das Wort »existieren« nicht im geschwächten Gebrauch von »sein«, sondern in seinem ursprünglichen lateinischen Sinn von »entstehen«, »entspringen«, »hervorkommen«, »erscheinen«.

Abb. 13: Der Herr mit Melone und Aktentasche, der sich einbildet, er sei die einzige Realität, alles übrige existiere nur in seiner Vorstellung.

schloß Konorski: Das Läuten der Glocke war ein Reiz für Pawlow, aber nicht für den Hund.

Zufall: Die Unmöglichkeit, unfehlbar zu *in*duzieren.

*

Es bleibt noch immer die Frage: »Wer bin ich?« Die Indianer der weiten Prärien wußten es[25]: »Ich bin all die Kräfte und Dinge, die ich berühre. Ich bin der Wind, die Bäume und die Vögel und die Finsternis.«

Literatur

(1) Bateson, G.: Steps to an Ecology of Mind. Ballantine, New York (1972).

(2) Russel, B.: The Autobiography of Bertrand Russell 1872–1914, Little Brown and Cie., Boston (1951).

(3) Brown, G. S.: Laws of Form, The Julian Press, New York (1972).

(4) Plato: Der Staat in Plato, Sämtliche Werke. Zwei Bände, Lambert Schneider, Berlin (1941).

(5) Gesteland, R. C.; J. Y. Letvin, W. H. Pitts and S. H. Chung: »A Code in the Nose« in Cybernetic Problems in Bionics, H. L. Oestreicher and D. R. Moore (eds), Gordon and Breach, New York, 313–323 (1968).

(6) Laplace P. S. de: Essay philosophique sur les probabilités, Paris (1814).

(7) Foerster, H. von: »Molecular Ethology. An Immodest Proposal for Semantic Clarification« in Molecular Mechanisms in Memory and Learning, G. Ungar (ed), Plenum Press, New York, 213–348 (1970).

(8) Gill, A.: Introduction to the Theory of Finite-State Machines, McGraw-Hill, New York (1962).

(9) Abbott, E. A.: Flatland, A Romance of Many Dimensions, Dover Publications, New York (1952).

(10) Poincaré, H.: »L'espace et la géométrie«, Revue de metaphysique et de morale, (3) 631–646 (1894).

(11) Foerster, H. von: »Kybernetik einer Erkenntnistheorie« in Kybernetik und Bionik, W. D. Keidel, W. Händler und M. Spreng (eds), Oldenbourg, München, 27–46 (1974).

(12) Piaget, J.: La construction du réel chez l'enfant, Delachaux et Niestle, Neuchâtel (1937).

(13) Piaget, J.: »The Psychogenesis of Knowledge and its Epistemological Significance« in Language and Learning: The Debate between Jean Piaget and Noam Chomsky, Massimo Patelli-Palmarini (ed), Harvard University Press, Cambridge (1980).

(14) Foerster, H. von: »Formalisation de certain aspects de l'équilibration de

structures cognitives« in Epistèmologie Génétique Équilibration, B. Inhelder, R. Garcias et J. Vonèche (eds), Delachaux et Niestle, Neuchâtel, 76–89 (1977). (Englische Version unter dem Titel: »Objects: Tokens for (Eigen-)Behavior« in Observing Systems, Intersystems Publications, Seaside, 273–286 (1981).
(15) Hofstadter, D. R.: »Metamagical Themas. Strange attractors: mathematical patterns delicately poised between order and chaos«, Scientific American 245 (5), 22–43 (November 1981).
(16) Foerster, H. von: »Principles of Self-Organization in a Socio-Managerial Context« in Self-Organisation and Management of Social Systems, H. Ulrich und G. J. B. Probst (eds), Springer, New York 2–24 (1984).
(17) Arnold, P.: »Experiencing the Fourth Spatial Dimension« in Accomplishment Summary 1970/1971; BCL Report 71.2, The Biological Computer Laboratory, Department of Electrical Engineering, University of Illinois, Urbana, 201–215 (1971).
(18) Arnold, P.: »A Proposal for a Study of the Mechanisms of the Perception of and Formation of Internal Representations of the Spatial Fourth Dimension« in Accomplishment Summary 1971/1972, BCL Report 72.2, The Biological Computer Laboratory, Department of Electrical Engineering, University of Illinois, Urbana, 223–236 (1972).
(19) Maturana, H. R.: »Neurophysiology of Cognition« in Cognition: A Multiple View, P. L. Garvin (ed), Spartan Books, New York, 3–24 (1970).
(20) Foerster, H. von: »Thoughts and Notes on Cognition« in Cognition: A Multiple View, P. L. Garvin (ed), Spartan Books, New York, 25–48 (1970).
(21) Varela, F., Maturana, H. R. und R. Uribe: »Autopoiesis: The Organization of Living Systems, Its Characterization, and a Model«, Biosystems, 5 (4), 187–196 (1974).
(22) Maturana, H. R.: Erkennen: Die Organisation und Verkörperung von Wirklichkeit, Vieweg, Braunschweig (1982).
(23) Foerster, H. von: »On Self-Organizing Systems and Their Environments« in Self-Organizing Systems, M. C. Yovits and S. Cameron (eds), Pergamon Press, London 31–50 (1960).
(24) Konorski, J.: Persönliche Mitteilung 2. Mai 1968, anläßlich der Konferenz The Future of the Brain Sciences, New York Academy of Sciences, New York.
(25) Brown, E. P.: The North American Indians, A Selection of Photographs by Edward S. Curtis, Aperture, New York (1972).

Paul Watzlawick

Wirklichkeitsanpassung oder angepaßte »Wirklichkeit«? Konstruktivismus und Psychotherapie

Am Ende einer erfolgreichen Kurzbehandlung umreißt die Patientin, eine junge Frau, die grundsätzliche Änderung in der konfliktreichen Beziehung zu ihrer Mutter mit den Worten: »So wie ich die Lage sah, war es ein Problem; nun sehe ich sie anders, und es ist kein Problem mehr.« Von dieser Äußerung ließe sich einerseits sagen, daß sie die Quintessenz therapeutischen Wandels darstellt; andererseits könnte man sehr wohl einwenden, daß sich nichts »wirklich« verändert habe – außer bestenfalls etwas so Subjektives wie eine »Ansicht« oder eine »Einschätzung«. Der Umstand, daß die beiden Behauptungen widersprüchlich, aber doch sinnvoll sind, öffnet den Zugang zur Problematik, die dieses Referat behandeln möchte.

Im Jahre 1973 veröffentlichte der amerikanische Psychologe David Rosenhan eine aufsehenerregende Studie mit dem Titel »On being sane in insane places« (deutscher Titel: »Gesund in kranker Umgebung«[7]). Es handelt sich dabei um den Abschlußbericht eines Forschungsprojekts, in dessen Rahmen sich Rosenhan und mehrere Mitarbeiter freiwillig in Nervenkliniken aufnehmen ließen, da sie angeblich Stimmen hörten und daher psychiatrische Behandlung wünschten. Sofort nach Aufnahme gaben sie an, nun keine Stimmen mehr zu hören, und verhielten sich von diesem Augenblick an in einer Weise, die außerhalb einer psychiatrischen Klinik für normal gegolten hätte. Die Dauer ihrer »Behandlungen« schwankte zwischen 7 und 52 Tagen, und sie wurden alle mit der Diagnose »Schizophrenie in Remission« entlassen. Nicht einer von ihnen wurde als Pseudopatient entlarvt; vielmehr wurde jede ihrer Verhaltensweisen als weiterer Beweis für die Richtigkeit der Diagnose gewertet. Statt sich an den beobachtbaren Tatsachen zu orientieren, *erschuf* die Diagnose also eine »Wirklichkeit« sui generis, die dann ihrerseits alle klinischen Maßnahmen notwendig machte und rechtfertigte. – Als besonderes Kuriosum sei noch erwähnt, daß die einzigen, die an dieser Wirklichkeitskonstruktion nicht teilnahmen, mehrere »wirkliche« Patienten waren: »Du bist nicht verrückt – du bist ein Journalist oder ein Professor«; diese und ähnliche Bemerkungen wurden oft und zum Teil vehement gemacht.

Im Leben der eingangs erwähnten jungen Frau hatte sich offensichtlich derselbe Prozeß abgespielt – hier freilich in positiver statt in pathogener Richtung. Die Lage als solche hatte sich nicht verändert, wohl aber die Zuschreibung von Sinn und Bedeutung an die Gegebenheiten ihrer Beziehung zur Mutter.

Derartige Sinnzuschreibungen sind aber nicht das Abbild objektiv bestehender, sozusagen platonischer Wahrheiten, deren sich gewisse Menschen besser bewußt sind als andere, sondern sie sind überhaupt nur innerhalb eines bestimmten Kontexts denkbar. In Indien kann einem als *swami*, als Heiliger, vorgestellt werden, wer im Westen als katatoner Schizophrener diagnostiziert würde. Weder die eine noch die andere Einschätzung ist in irgendeinem objektiven Sinne wahr oder wirklich, die *Folgen* dieser Einschätzungen aber erschaffen konkrete Resultate persönlicher und gesellschaftlicher Natur.

In seinen Vorlesungen erwähnte Gregory Bateson häufig ein analoges Phänomen, das ihm im Rahmen seiner anthropologischen Studien im südostasiatischen Raum berichtet worden war und mit einer kulturspezifischen Pathologie, dem Amoklaufen, zu tun hat. Dabei handelt es sich bekanntlich darum, daß jemand plötzlich zu seinem Dolch (dem *kris*) greift, auf die Straße rennt und blindlings auf jeden Daherkommenden einzustechen beginnt. Zur Vermeidung eines noch größeren Blutbads wird der Amokläufer möglichst rasch getötet. Es darf daher angenommen werden, daß es sich um eine larvierte Form des Selbstmords handelt, gegen den im Islam religiöse Skrupel bestehen. Statt sich umzubringen, schafft der Amokläufer eine Situation, die seine Tötung notwendig macht und rechtfertigt. Im Zuge der Kolonialisierung jener Region durch die Holländer erfuhr das Phänomen des Amoklaufens langsam eine Umdeutung: Statt einer Form der Besessenheit wurde ihm die Bedeutung einer Geistesstörung zugeschrieben, die Behandlung erforderte. Das führte dazu, daß zumindest in den Städten, die meist über moderne Sozialeinrichtungen wie Polizei, Ambulanzen, psychiatrische Kliniken und andere Notstandsdienste verfügten, die Häufigkeit des Amoklaufes nachweislich zurückging. Bei aller Vorsicht vor »post hoc, ergo propter hoc«-Schlüssen, besonders in der Anthropologie, bleibt die Tatsache bestehen, daß dem Amokläufer nun statt eines raschen Todes ein langer Aufenthalt in einer geschlossenen Anstalt blühte, die vermutlich eher einem Gefängnis als einem Sanatorium glich. Wiederum führte die »bloße« Änderung in der Sinnzuschreibung an ein bestimmtes Verhalten zu einer wesentlichen, praktischen Änderung.

Diese Beispiele, die sich beliebig vermehren ließen, stehen in schroffem Widerspruch zum allgemein akzeptierten Kriterium der Wirklichkeitsanpassung als Gradmesser der geistigen Gesundheit oder Gestörtheit eines Menschen. Dabei handelt es sich um die scheinbar selbstverständliche Annahme, daß es eine wirkliche, das heißt objektive, menschenunabhängige Wirklichkeit gibt, deren sich normale Menschen klarer bewußt sind als sogenannte Geistesgestörte. Die Idee einer solchen Wirklichkeit ist philosophisch spätestens seit Hume und Kant unhaltbar; wissenschaftlich ist sie ebenso unhaltbar, seit sich die Einsicht durchgesetzt hat, daß die Aufgabe der Wissenschaft nicht das Finden endgültiger Wahrheiten sein kann.

Soweit mir bekannt ist, hat sich die Annahme einer »wirklichen« Wirklichkeit nur in der Psychiatrie erhalten. In diesem Zusammenhang scheint es nützlich, eine grundlegende Unterscheidung zweier Wirklichkeitsaspekte zu machen, die sich an einem einfachen, oft verwendeten Beispiel aufzeigen lassen: Die physikalischen Eigenschaften des Goldes sind seit altersher bekannt, und es ist unwahrscheinlich, daß sie (genau wie eine Unzahl anderer naturwissenschaftlicher Forschungsergebnisse) durch neuere Untersuchungen in Frage gestellt oder durch grundlegende Neuentdekkungen bereichert werden könnten. Wenn zwei Menschen also Meinungsverschiedenheiten über die physikalischen Eigenschaften des Goldes hätten, so wäre es verhältnismäßig einfach, den naturwissenschaftlichen Nachweis zu erbringen, daß einer von ihnen recht und der andere daher unrecht hat. Diese Eigenschaften des Goldes seien seine Wirklichkeit erster Ordnung genannt.* Daneben aber besteht offensichtlich eine Wirklichkeit zweiter Ordnung des Goldes, nämlich sein Wert. Dieser hat absolut nichts mit den physikalischen Eigenschaften des Metalls zu tun, sondern ist eine von Menschen vorgenommene Zuschreibung. Zugegeben, auch diese Wirklichkeit des Goldes ist ihrerseits wieder das Resultat anderer Faktoren, wie zum Beispiel von Angebot und Nachfrage oder den letzten Äußerungen des Ayatollah Khomeini. All *diesen* Faktoren ist aber gemeinsam, daß sie menschliche Konstrukte und nicht der Abglanz menschenunabhängiger Wahrheiten sind.

Damit soll gesagt sein, daß die sogenannte Wirklichkeit, mit der wir es vor allem in der Psychiatrie zu tun haben, jeweils eine Wirklichkeit zweiter Ordnung ist und durch die Zuschreibung von Sinn, Bedeutung oder Wert an die betreffende Wirklichkeit erster Ordnung konstruiert wird. Der Unterschied zwischen diesen beiden Wirklichkeiten kommt in der bekannten Scherzfrage nach dem Unterschied zwischen einem Optimisten und einem Pessimisten zum Ausdruck: Der Optimist – so lautet die Antwort – sagt von einer Flasche Wein, daß sie halb *voll*, der Pessimist, daß sie halb *leer* ist. Dieselbe Wirklichkeit erster Ordnung, aber zwei grundverschiedene Wirklichkeiten zweiter Ordnung.

Nur wenn wir diese beiden »Wirklichkeiten« in einen Topf werfen, behält das Kriterium der Wirklichkeitsanpassung seine Gültigkeit. Halten wir uns davon frei, so sehen wir, daß zum Beispiel die eingangs erwähnte Situation zwischen Mutter und Tochter in ihrer Wirklichkeit erster Ordnung unverändert geblieben war und sich auf dieser Ebene nichts »wirklich« verändert hatte, daß in der Wirklichkeit zweiter Ordnung dagegen ein entscheidender Wandel eingetreten war: »So wie ich die Lage sah, war es ein Problem; nun sehe ich sie anders, und es ist kein Problem mehr.« Aber weder die frühere noch die neue Sichtweise der jungen Frau ist in

* Wir wollen daher der Einfachheit halber außer acht lassen, daß, wie Heinz von Foerster dies in seinem Referat zeigte, auch dieser Wirklichkeitsaspekt das Ergebnis einer fantastisch komplexen Wirklichkeitskonstruktion auf neuro-physiologischer Ebene ist, und ferner, daß er ein und dasselbe linguistische und semantische Universum voraussetzt.

irgendeinem objektiven Sinne »wahrer« oder »richtiger« als die andere – das Konkrete an der neuen Sicht ist, daß sie weniger Leid verursacht.

Die Referenten der beiden vorangegangenen Abende haben die Prozesse der Wirklichkeitskonstruktion von ihren spezifischen Gesichtspunkten her eingehend beleuchtet. Im Zusammenhang mit meinen zusätzlichen Überlegungen möchte ich ein Zitat aus Ernst von Glasersfelds Einführung in den radikalen Konstruktivismus [3] verwenden, nämlich jene Stelle, an der der Autor aufzeigt, daß wir von der sogenannten »wirklichen« Wirklichkeit bestenfalls nur wissen können, was sie *nicht* ist:

»Wissen wird vom lebenden Organismus aufgebaut, um den an und für sich formlosen Fluß des Erlebens so weit wie möglich in wiederholbare Erlebnisse und relativ verläßliche Beziehungen zwischen diesen zu ordnen. Die Möglichkeiten, so eine Ordnung zu konstruieren, werden stets durch die vorhergehenden Schritte in der Konstruktion bestimmt. Das heißt, daß die »wirkliche« Welt sich ausschließlich dort offenbart, wo unsere Konstruktionen scheitern. Da wir das Scheitern aber immer nur in eben jenen Begriffen beschreiben und erklären können, die wir zum Bau der scheiternden Strukturen verwendet haben, kann es uns niemals ein Bild der Welt vermitteln, die wir für das Scheitern verantwortlich machen könnten.«

Auf die Entstehung und die Lösung menschlicher Probleme angewandt, bedeutet dies, daß wir uns mit dem Leben, unserem Schicksal, der Existenz, mit Gott, der Natur oder welchen Namen wir immer da verwenden, in Einklang fühlen, solange die von uns konstruierte Wirklichkeit zweiter Ordnung im Sinne Ernst von Glasersfelds *paßt*, das heißt nirgends schmerzlich anstößt. Solange wir dieses Gefühl haben, sind wir in der Lage, auch mit großen Widerwärtigkeiten einigermaßen gelassen fertigzuwerden. Fehlt dagegen dieses Gefühl des Passens, so stürzen wir in Verzweiflung, Angst, Psychose oder denken an Selbstmord. Daß die größten geistigen und künstlerischen Leistungen der Menschheit offensichtlich von dieser verzehrenden Sehnsucht nach Harmonie und Gewißheit beseelt sind, sei nur am Rande vermerkt. Der Irrtum, in dem wir alle versponnen sind, ist aber die Annahme, daß eine einigermaßen passende Wirklichkeitskonstruktion die Gewißheit gäbe, die Welt sei »wirklich« *so* und endgültige Gewißheit und Sicherheit sei damit erreicht. Die möglichen Folgen dieses Irrtums sind schwerwiegend: Sie verleiten uns dazu, alle anderen Wirklichkeitskonstruktionen für falsch zu erklären (und womöglich zu bekämpfen), und sie machen es uns unmöglich, Alternativwirklichkeiten auch nur in Betracht zu ziehen, wenn unser Weltbild anachronistisch wird und daher immer weniger paßt.

Fassen wir zusammen: Die Wirklichkeit zweiter Ordnung, die unsere Weltschau, Gedanken, Gefühle, Entscheidungen und Handlungen bedingt, ist das Ergebnis einer ganz bestimmten Ordnung, die wir der kaleidoskopischen, phantasmagorischen Vielfalt der Welt sozusagen aufstülpen und die also nicht das Resultat der Erfassung der »wirklichen« Welt ist, sondern die im eigentlichsten Sinne eine ganz bestimmte Welt konstruiert. Dieser Konstruktion aber bleiben wir unbewußt und nehmen naiverweise an, daß sie unabhängig von uns existiert. Die Art und Weise, wie sich diese Wirklichkeiten herausbilden, ist von größtem Interesse für den Forscher wie für den Kliniker. Mein Vorredner erwähnte bereits die grundlegenden Arbeiten Piagets [6].

Ungefähr um dieselbe Zeit befaßte sich auch Wittgenstein mit diesem Thema. Zu Beginn seines Spätwerkes »Über Gewißheit« [11] steht der Satz:

»Daß es mir – oder allen – so *scheint*, daraus folgt nicht, daß es so *ist*.« [Abs. 2]

Und weiter:

»Aber mein Weltbild habe ich nicht, weil ich mich von seiner Richtigkeit überzeugt habe; auch nicht weil ich von seiner Richtigkeit überzeugt bin. Sondern es ist der überkommene Hintergrund, auf welchem ich zwischen wahr und falsch unterscheide.« [Abs. 94]

Und schließlich noch expliziter:

»Wir lernen die Praxis des empirischen Urteilens nicht, indem wir Regeln lernen; es werden uns *Urteile* beigebracht, und ihr Zusammenhang mit anderen Urteilen. *Ein Ganzes* von Urteilen wird uns plausibel gemacht.

Wenn wir anfangen, etwas zu *glauben*, so nicht einen einzelnen Satz, sondern ein ganzes System von Sätzen. (Das Licht geht nach und nach über das Ganze auf.)

Nicht einzelne Axiome leuchten mir ein, sondern ein System, worin sich Folgen und Prämissen *gegenseitig* stützen.« [Abs. 140–142]

Die Untersuchung dieser Systeme, in denen sich Postulate und Folgen gegenseitig (also rückbezüglich) stützen und bekräftigen, ist eines der Hauptanliegen der Kommunikationsforschung. Im Sinne des bisher Gesagten erweist sich nämlich die Wirklichkeit zweiter Ordnung als Resultat von Kommunikation. Kein höheres Lebewesen könnte überleben, wenn es darauf angewiesen wäre, die Welt sozusagen ganz allein auf sich gestellt zu erfassen. Niedrigere Lebensformen bekommen sozusagen eine genetische »Gebrauchsanweisung« mit auf den Weg und werden vom großen Ordner Tod unbarmherzig ausgelöscht, wenn ihr genetisches Programm nicht mehr paßt. Beim Menschen tritt die Veranlagung gegenüber der Sozialisierung bekanntlich weit in den Hintergrund. Sozialisierung aber beruht auf Kommunikation, das heißt auf Anweisungen, wie die Welt zu sehen ist.

Und all dies bezieht sich keineswegs nur auf die Wirklichkeit zweiter Ordnung. Man überlege sich, wie es um uns bestellt wäre, wenn uns auch im Bereich der Wirklichkeit erster Ordnung nur unsere eigenen, unmittelbaren Wahrnehmungen zur Verfügung stünden. Welche Gewißheit hätte ich je, daß es das, dessen Existenz ich noch nicht selbst festgestellt habe, auch wirklich gibt? Von einer mir noch unbekannten Stadt nehme ich felsenfest an, daß es sie wirklich gibt, nur weil sie auf Landkarten eingezeichnet ist, andere Menschen schon dort waren und mir von ihr erzählten, weil mein Reisebüro mir eine Flugkarte dorthin verkaufte und auf Grund von Myriaden ähnlicher, völlig fiktiver »Beweise«. Und wenn wir jetzt alle die Augen schlössen und auch unsere übrigen Sinneswahrnehmungen irgendwie ausschalteten, wäre dieser Vortragssaal noch gleich »wirklich«, wie er es buchstäblich einen Augenblick vorher war? Das sind Fragen, die schon Dschuang Dsi mit seinem Schmetterlingsbeispiel zu beantworten versuchte, und Calderón de la Barca in »La vida es sueño«. Im 18. Jahrhundert stellte der Bischof Berkeley seine berühmte Frage, ob der im einsamen Walde umstürzende Baum auch dann ein Geräusch verursacht, wenn niemand da ist, es zu hören. Und Wittgenstein fragt:

»Welchen Grund habe ich jetzt, da ich meine Zehen nicht sehe, anzunehmen, daß ich fünf Zehen an jedem Fuß habe?« [11, Abs. 429]

Bedeutet das, daß es uns immer noch wie dem Kleinstkind ergeht, von dem Piaget so elegant nachwies, daß für das Kind nur das »wirklich« existiert, was jeweils in seinem Blickfeld ist; daß der Glaube an das objektive Weiterbestehen nicht mehr gesehener Gegenstände einer der wesentlichsten Bausteine aller Wirklichkeitskonstruktionen ist?

Wie dem auch sei – an diesen scheinbar müßigen Überlegungen ist eines bestimmt wichtig: Zusätzlich zum vermuteten physischen Weiterbestehen der Welt tritt noch die kommunizierte Wirklichkeit zweiter Ordnung. Das heißt, daß in unserer Innenwelt nicht nur die Objekte (im weitesten Sinne) als solche weiterbestehen, sondern auch die Zuschreibungen, die wir in bezug auf Sinn, Bedeutung und Wert dieser Objekte vornahmen. So gesehen leben wir also in einer imaginären Wirklichkeit, die uns aber erstaunlicherweise dennoch konkrete Entscheidungen und Handlungen möglich macht.

Ist dies aber erstaunlich? Ja und nein. Ja, wenn wir uns die bereits umfangreiche psychiatrische, sozial- und verhaltenswissenschaftliche Literatur vor Augen halten, die sich eher vergeblich bemüht, Ordnung in das halluzinatorische Universum paradoxer, rückbezüglicher und imaginärer Sätze und ihrer praktischer Auswirkungen zu bringen. Nein, wenn wir feststellen, daß in anderen Wissenschaftszweigen derartige Propositionen keine Probleme sind, weil man dort ihren scheinbar unlogischen, fiktiven, imaginären Charakter immer schon gelassen mit in die betreffenden Überlegungen und Berechnungen einbezog und dennoch (oder gerade deswegen) bei konkreten Ergebnissen anlangte. »Wenn wir Schiffe und Boote bauen«, stellt der polnische Philosoph Kolakowski in seinem Essay »Das Suchen nach der Gewißheit« [4] fest, »sollen wir uns so verhalten, als ob das Gesetz des Archimedes gültig wäre – andernfalls wir ertrinken würden. Wir besitzen aber heute sowenig wie früher Gründe, um zu behaupten, die Welt trage so etwas wie das Gesetz des Archimedes als dauernde Qualität in sich.« Dieses Zitat enthält die bedeutungsträchtigen Wörtchen »als ob«, die uns sehr bald noch näher beschäftigen werden.

Ein noch offensichtlicheres Beispiel als das Gesetz des Archimedes ist die imaginäre Zahl *i*, zu der man bekanntlich über die scheinbar unschuldige Gleichung $x^2 + 1 = 0$ gelangt. Transportiert man nämlich die Eins auf die andere Seite der Gleichung, so erhält man $x^2 = -1$, und damit $x = \sqrt{-1}$. Dieses Resultat ist aber nicht nur unvorstellbar, sondern widerspricht der Regel, daß keine Größe, ob positiv oder negativ, durch sich selbst dividiert, einen negativen Wert ergeben kann. Dies hält aber Mathematiker, Physiker oder Ingenieure nicht davon ab, die Zahl *i* in ihre Berechnungen einzubeziehen und zu durchaus praktischen Ergebnissen zu gelangen. Das Faszinosum dieser unvorstellbaren Wechselwirkung zwischen Imaginärem und Konkretem fand einen literarischen Ausdruck in den Worten einer Romanfigur Robert Musils, nämlich des jungen Törless, der im Mathematikunterricht zum erstenmal auf die Eigenschaften der Zahl *i* stößt:

»Wie soll ich das ausdrücken? Denk doch nur einmal so daran: In einer solchen Rechnung sind am Anfang ganz solide Zahlen, die Meter oder Gewichte oder irgend etwas anderes Greifbares darstellen können und wenigstens wirkliche Zahlen sind. Am Ende der Rechnung stehen ebensolche. Aber diese beiden hängen miteinander durch etwas zusammen, das es gar nicht gibt. Ist das nicht wie eine Brücke, von der nur Anfangs- und Endpfeiler vorhanden sind und die man dennoch so sicher überschreitet, als ob sie ganz dastünde? Für mich hat so eine Rechnung etwas Schwindliges; als ob ein Stück des Weges weiß Gott wohin ginge. Das eigentlich Unheimliche ist mir aber die Kraft, die in solch einer Rechnung steckt und einen so festhält, daß man doch wieder richtig landet.« [5]

Die umfassendste Studie über die praktischen Auswirkungen imaginärer Annahmen ist immer noch »Die Philosophie des Als Ob« [8] von Hans Vaihinger. In diesem Monumentalwerk aus dem Jahre 1911 gibt der Autor eine Unzahl von Beispielen für die eben erwähnte Beziehung von fiktiven, völlig unbeweisbaren Wirklichkeitsannahmen beziehungsweise Sinnzuschreibungen und ihren konkreten Resultaten. Es ist mir nicht bekannt, ob Musil von der Philosophie Vaihingers wußte. Auffallend ist jedenfalls, daß sich die Frage des jungen Törless bereits bei Vaihinger findet:

»Wie kommt es, daß, trotzdem wir im Denken mit einer verfälschten Wirklichkeit rechnen, doch das praktische Resultat sich als richtig erweist?« [S. 289]

Um aus der Überfülle der bis in die Antike zurückreichenden Beispiele aus Vaihingers Buch nur zwei besonders prägnante herauszugreifen:

»Der Punkt als ein null-dimensionales Gebilde ist eine in sich gänzlich widerspruchsvolle Idee, aber ebenso notwendig als absurd. Ein Gebilde ohne jegliche Dimension ist ein Nichts in sich selbst. [...] Wir rechnen hier mit Undingen statt mit Dingen, aber es sind nützliche und unentbehrliche Undinge. Wir aber halten diese Undinge für Dinge, weil wir gewöhnt sind, alles, dem wir einen Namen geben, für real zu halten, ohne zu bedenken, daß wir nicht bloß Reales, sondern auch Irreales durch Namen fixieren können.« [S. 508]

Und an anderer Stelle eine analoge Überlegung zur Freiheit als Fiktion:

»Der Strafrichter benützt diese Fiktion einfach, um ein Strafurteil zustande zu bringen. Der Zweck ist das Strafurteil, das durch die Fiktion, der Mensch, also *in specie* der Verbrecher, sei frei, erreicht wird: ob der Mensch faktisch frei ist, ist gleichgültig. [...] Der Richter schließt: Jeder Mensch ist frei und darum, wenn er gegen das Gesetz sich vergangen, strafbar. A ist ein Mensch, ein freier Mensch und hat sich vergangen: also ist er strafbar. Zuerst wird A unter den Begriff des freien Menschen subsumiert, sodann dadurch unter die Strafbarkeit. Der Begriff der Freiheit fällt aber damit heraus; er hat nur dazu gedient, das Urteil möglich zu machen. Ob aber der Mensch frei sei, diese Prämisse wird vom Richter nicht untersucht: faktisch ist diese Prämisse nur eine Fiktion, welche zur Ableitung des Schlußsatzes dient; denn ohne Bestrafung der Menschen, der Verbrecher, ist keine Staatsordnung möglich: zu diesem praktischen Zweck ist die theoretische Fiktion der Freiheit erfunden.« [S. 198]

Nicht aus Vaihingers Buch, sondern aus der Weisheit orientalischer Parabeln stammt schließlich folgendes Beispiel dieser »Technik« problemlösender und wirklichkeitsschaffender Fiktionen:

Ein Vater hat angeordnet, daß die Hälfte seiner Hinterlassenschaft an den ältesten Sohn gehe, ein Drittel an den zweiten und ein Neuntel an den jüngsten. Die Erbmasse besteht aber aus 17 Kamelen, und wie die Söhne nach seinem Tode das Problem auch drehen und wenden, sie finden keine Lösung, außer der Zerstükkelung einiger Tiere. Ein *mullah*, ein Wanderprediger, kommt dahergeritten, und sie fragen ihn um seinen Rat. Dieser sagt: »Hier – ich gebe mein Kamel zu den euren dazu; das macht 18. Du, der Älteste, bekommst die Hälfte, also neun. – Du, der Zweitälteste, bekommst ein Drittel, das macht sechs. – Auf dich, den Jüngsten, fällt ein Neuntel, also zwei Kamele. Das macht zusammen 17 Kamele und läßt eines übrig, nämlich meines.« Sagt's, steigt auf und reitet davon.

Was hat nun all dies mit der Psychotherapie zu tun? Zweck aller Therapie und Ziel aller Therapieschulen ist therapeutischer Wandel. Im Rahmen des bisher Dargestellten ist die traditionelle Auffassung unhaltbar, wonach der sogenannte Patient an mangelnder Wirklichkeitsanpassung leidet und ihm daher durch Herbeiführung von Einsicht in die in der Vergangenheit begrabenen »wahren« Zusammenhänge geholfen werden muß. Der Konstruktivismus dagegen legt nahe, daß die leidvollen Auswirkungen einer bestimmten gegenwärtigen Als-ob-Fiktion (die ihren Ursprung natürlich irgendwann in der Vergangenheit hatte) durch jene einer anderen Als-ob-Fiktion ersetzt werden müssen, die eine erträgliche Wirklichkeit erschaffen. An die Stelle von Wirklichkeitsanpassung im Sinne einer besseren Anpassung an die vermeintliche »wirkliche« Wirklichkeit tritt also die bessere Anpassung der jeweiligen Wirklichkeitsfiktion an die zu erreichenden, konkreten Ziele.

In anderen Worten: Der Ausgangspunkt der Behandlung ist eine leidvolle Situation, die im Rahmen der betreffenden Wirklichkeitsfiktion unlösbar erscheint. Das ist der eine Pfeiler der Brücke, von der der junge Törless spricht. Zwischen diesem und dem Pfeiler am anderen Ufer nun liegt die irrationale Brücke der Als-ob-Fiktion, die Wirklichkeit zweiter Ordnung. In Vaihingers Sinne kann das etwas wie die völlig unbeweisbare Annahme der persönlichen Freiheit sein, die herangezogen wird und nach getaner Arbeit dann »herausfällt«; im Sinne Heinz von Foersters ist es der syn-aptische Spalt, in den nun – metaphorisch gesprochen – eine andere Überträgersubstanz einfließt; im Sinne der Kamelgeschichte das eine Kamel, das eine Minute lang verwendet und dann nicht mehr benötigt wird; im Sinne des Konstruktivismus eine andere Wirklichkeitskonstruktion, die genausowenig Anspruch auf

Wirklichkeit, Richtigkeit oder Wahrheit erheben kann als irgendeine andere. Wenn das Primat der Verwendung von Vaihingers Ideen in der Therapie nicht Alfred Adler zufiele, könnte man die eben beschriebene Technik als die »Psychotherapie des Als Ob« bezeichnen.

Diese Überlegungen klingen einfach, sind für viele aber bestürzend, wenn sie bis zur Konsequenz durchgedacht werden. Dann nämlich ergibt es sich, daß es auf Erklärungen *als solche* nicht ankommt, daß Hypothesen und Theorien nur insofern Bedeutung haben, als sie fiktive Brücken zu praktischen Resultaten schlagen. Der sprichwörtliche Marsbewohner, der hier auf Erden unsere klassischen Theorien therapeutischen Wandels studierte, würde sich an den Kopf (oder dessen Äquivalent) greifen und fragen, wieso unsere großen Therapieschulen komplizierteste Erklärungssysteme ausklügelten und deren ausschließliche Richtigkeit mit dogmatischer Starre verteidigen, statt konkret zu untersuchen, wie sich menschlicher Wandel tagtäglich millionenfach spontan vollzieht.

Eine Ausnahme ist jenes *enfant terrible* der Orthodoxie, nämlich die Hypnose, die immer schon das Fiktive, also die Suggestion, in klarer Erkenntnis ihres Als-ob-Charakters zu konkreten und verhältnismäßig raschen Lösungen menschlicher Probleme verwendet.

Doch auch die Hypnose ist sozusagen nur ein Spezialfall, verglichen mit jenen zweifellos interessanten Manifestationen alltäglichster Wirklichkeitskonstruktionen, den sich selbst erfüllenden Prophezeiungen [9]. Es handelt sich dabei bekanntlich um die wirklichkeitserzeugende Macht von Befürchtungen, Erwartungen, Annahmen oder Überzeugungen über künftige Geschehnisse, die *nur* deswegen, weil ihr Eintreten fest angenommen oder erwartet wird, tatsächlich eintreten. Selbsterfüllende Prophezeiungen scheinen die Grundgesetze der Wirklichkeit auf den Kopf zu stellen: Vorgestellte Wirkung erzeugt konkrete Ursache; die Zukunft (und nicht die Vergangenheit) determiniert die Gegenwart; die Prophezeiung des Ereignisses führt zum Ereignis der Prophezeiung. Wie wenig es dabei auf die hypothetische »Richtigkeit« der Prophezeiung ankommt, beweist ein von Gordon Allport berichteter (aber leider nicht näher belegter) Fall, der auf einem lebensrettenden Mißverständnis beruht:

»In einem österreichischen Landeskrankenhaus liegt ein schwerkranker Mann im Sterben. Die Ärzte haben ihm wahrheitsgemäß mitgeteilt, daß sie seine Krankheit nicht diagnostizieren können, ihm aber wahrscheinlich helfen könnten, wenn sie die Diagnose wüßten. Sie haben ihm ferner gesagt, daß ein berühmter Diagnostiker das Spital in den nächsten Tagen besuchen und vielleicht imstande sein wird, die Krankheit zu erkennen.

Ein paar Tage später kommt der Spezialist wirklich an und macht seine Runde. Am Bett des Kranken angekommen, wirft er nur einen flüchtigen Blick auf ihn, murmelt *»moribundus«* und geht weiter.

Einige Jahre später sucht der Mann den Spezialisten auf und sagt ihm: »Ich wollte Ihnen schon längst für Ihre Diagnose danken. Die Ärzte sagten mir, daß ich Aussicht hätte mit dem Leben davonzukommen, wenn Sie meine Krankheit diagnostizieren könnten, und im Augenblick, da Sie *›moribundus‹* sagten, wußte ich, daß ich es schaffen werde.« [1]

Die wirklichkeitsschaffende Macht selbsterfüllender Prophezeiungen kann also nicht nur einen Ödipus veranlassen, genau jene Vorsichtsmaßnahmen zu ergreifen, die zur Erfüllung des Orakelspruchs führten – sie können auch – *similia similibus* – in den Dienst der Heilung und Lösung gestellt werden. Die am Mental Research Institute in Palo Alto entwickelten, auf direkten Interventionen in die Wirklichkeit zweiter Ordnung beruhenden Behandlungsformen stellen eine Anwendung des konstruktivistischen Denkens dar [10].

Ohne natürlich auf Einzelheiten und schon gar nicht auf Fallbesprechungen eingehen zu können, sei das Wesen dieser Technik wenigstens kurz umrissen. Zur Herbeiführung einer gezielten Veränderung in der Wirklichkeitskonstruktion eines Menschen muß man zunächst diese Wirklichkeit einigermaßen kennen. Unmittelbare Befragung hilft hier aber kaum. Jede Beschreibung setzt ja ein Heraustreten aus dem Rahmen des zu Beschreibenden voraus. In anderen Worten: Um die Beschreibung geben zu können, müßte der Betreffende außerhalb der von ihm konstruierten Wirklichkeit stehen und sie daher bereits als eine von vielen möglichen sehen. Gerade aber dafür sind wir alle blind. Rufen wir uns von Glasersfelds Worte nochmals ins Gedächtnis, wonach »die ›wirkliche‹ Welt sich ausschließlich dort offenbart, wo unsere Konstruktionen scheitern. Da wir das Scheitern aber immer nur in eben jenen Begriffen beschreiben und erklären können, die wir zum Bau der scheiternden Strukturen verwendet haben, kann es uns niemals ein Bild der Welt vermitteln, die wir für das Scheitern verantwortlich machen könnten.« [3]

Was der sogenannte Patient dagegen meist klar angeben kann, sind seine bisherigen Versuche, mit dem Problem fertigzuwerden. Aus diesen versuchten Lösungen nun kann der Therapeut sehr genaue Schlüsse auf die Wirklichkeit zweiter Ordnung ziehen, in der diese Lösungsversuche die scheinbar einzig möglichen, sinnvollen, logischen oder erlaubten sind. Und wenn sie bisher das erwünschte Ergebnis nicht herbeigeführt haben, so verwenden wir alle – Menschen oder Tiere – das Unglücksrezept des »Mehr desselben« und schaffen uns damit mehr desselben Leidens. Ein einfaches Beispiel: Wer nervös ist, wird typischerweise versuchen, mit fester Stimme zu sprechen und seine Hände am Zittern zu hindern. Je mehr er dies versucht, desto stärker wird seine nervöse Spannung, und je nervöser er wird, desto mehr wird er sich zu beherrschen versuchen.

Die versuchten Lösungen sind also jene Mechanismen, die das Problem nicht nur nicht lösen, sondern es vielmehr erhalten und vertiefen.

Wie nun geht in unserem Modell der Therapeut vor, um diesen Teufelskreis zu brechen und neue Lösungsformen in die Welt seines Patienten einzuführen? Hierzu bietet sich vor allem die Technik der *Umdeutung* an, die geschickten Unterhändlern und Diplomaten seit altersher (wenn auch nicht unter dieser Bezeichnung) bekannt ist. Diese Intervention konstruiert einen neuen Wirklichkeitsaspekt anstelle eines bisherigen, wobei der neue den praktischen Gegebenheiten genauso oder noch besser entspricht als der alte. Eines der amüsantesten Beispiele aus der Weltliteratur ist und bleibt jene Szene in »Tom Sawyer«, in der Mark Twain beschreibt, wie sein Held strafweise an einem Samstagnachmittag einen Zaun streichen muß, während alle seine Freunde frei haben und schwimmen gehen. Wie kann er dieser Schande entgehen und sein Gesicht bewahren? Er tut es dadurch, daß er seinen hänselnden Freunden die Situation von Grund auf umdeutet, indem er das

Streichen eines Zauns als ungewöhnliches, höchst erwünschtes Privileg hinstellt. Zunächst erntet er Skepsis: »Na, du willst mir doch nicht weismachen, daß du's zum Vergnügen tust?« Tom streicht weiter und bemerkt schließlich nonchalant: »Zum Vergnügen? Na, ich seh' nicht ein, warum nicht. Kann unsereiner denn alle Tage 'nen Zaun anstreichen?« Darauf Stille – und dann sagt der erste Junge: »Du, Tom, laß mich ein bißchen streichen!« Schließlich hat der Zaun drei Lagen Tünche, und Tom schwimmt in Reichtum. Ein Junge nach dem anderen hat sich von ihm das Privileg erkauft, einen Teil des Zauns anstreichen zu dürfen.

Oder ein klinisches Beispiel: Frigidität wird von der Betreffenden meist als eine persönliche Hemmung, als ein Unvermögen erlebt, und in dieser Ansicht wird sie dann durch einen reichhaltigen Katalog verschiedenartiger und zum Teil ganz widersprüchlicher »wissenschaftlicher« Erklärungen bestärkt; zum Beispiel Unreife, ungenügende Realisierung ihrer Weiblichkeit, Penisneid, latente Homosexualität, unbewußte Aggression gegen das Männliche. Besonders letztere »Erklärung« fügt zur Unterstellung einer persönlichen Pathologie auch noch jene einer bösen Absicht. Wirksamere Als-ob-Fiktionen zur praktischen Verhinderung einer völlig normalen, natürlichen Reaktion kann man sich kaum vorstellen. Eine wesentlich zweckmäßigere Fiktion bestünde zum Beispiel darin, dem Problem eine ganz andere Deutung und Bedeutung zu geben, indem man es als einen übertriebenen Schutz des Partners hinstellt. Glaubt sie vielleicht, daß er der Leidenschaft ihrer ungehemmten Sinnlichkeit nicht gewachsen wäre? Hat sie vielleicht Grund zur Befürchtung, daß er schockiert wäre, wenn sie ihrer Sexualität in der Beziehung zu ihm freien Lauf ließe? Würde er dann vielleicht impotent, und erspart sie ihm daher nicht die Angst, ihren natürlichen Ansprüchen nicht gewachsen zu sein? Wäre es daher nicht vielleicht besser, die Situation vorläufig unverändert zu lassen? – Ist die Umdeutung erfolgreich, so blockiert sie die oft verzweifelte Grundeinstellung: »Ich sollte reagieren, aber ich kann nicht.« Einmal mehr sei darauf verwiesen, daß weder diese noch die traditionellen Deutungen mehr als Fiktionen sind und keinerlei Anspruch auf Wahrheit und Richtigkeit stellen können; sondern daß es nur auf die praktischen Resultate ankommt, die eine bestimmte Als-ob-Fiktion erzeugt. Und ist das gewünschte praktische Ergebnis einmal erreicht, so fällt – um Vaihingers Ausdruck zu verwenden – die Fiktion heraus; sie hat ihren Dienst geleistet wie das 18. Kamel.

Neben den Umdeutungen haben ferner die *Verhaltensverschreibungen* einen festen Platz im Armamentarium der konstruktivistischen Therapie. Wie der Ausdruck besagt, handelt es sich hier um die Ausführung ganz bestimmter Handlungen, die der Therapeut seinem Klienten zur Aufgabe macht. Dabei unterbleibt meist jegliche Deutung, etwa so wie der Arzt seinem Patienten nur in seltenen Fällen die genauen Gründe für die Verschreibung eines Präparats und dessen pharmakologische Wirkungen gibt. Der Patient nimmt es ein, weil er annimmt, daß im Bereich der Medizin Gründe für diese Verordnung bestehen. An diesen Gründen ist er viel weniger interessiert als am praktischen Ergebnis. Die Einnahme des Medikaments springt also sozusagen vom einen Pfeiler von Musils Brücke gleich auf den andern, und der Mittelteil bleibt frei. Dasselbe tritt bei der Verhaltensverschreibung ein: Das verschriebene Verhalten *ist* bereits das Resultat der dazwischenliegenden Als-ob-Fiktion, die als solche aber überhaupt nicht zur Sprache kommt. Sie ergibt sich vielmehr – wenn überhaupt – rückwirkend aus der Vorwegnahme des Resultats. Der sogenannte Patient verhält sich also, als ob das Problem bereits gelöst sei, und es kommt dadurch sekundär zu einer wesentlichen Änderung seiner bisherigen Wirklichkeitskonstruktion.

Zum Beispiel: Einem überaus perfektionistischen cand. phil. fehlt zur Erlangung des Doktortitels nur noch die Dissertation. An dieser arbeitet er schon seit über drei Jahren, und die Universität hat ihm eine letzte Frist gestellt, die in vier Monaten abläuft. Er ist sich darüber im klaren, daß er die Arbeit unmöglich fristgerecht abliefern kann, wenn er in seiner bisherigen Weise weiterarbeitet. Seine versuchte Lösung besteht nämlich darin, die Dissertation so allumfassend und perfekt zu schreiben, daß man darin auch nicht den leisesten Grund zur Kritik finden könnte. Ohne auch nur zu versuchen, diese Einstellung im klassischen Sinne auf ihre Gründe in der Vergangenheit hin zu untersuchen und langsam Einsicht in die »wahren« Ursachen des Problems herbeizuführen, und ohne irgendwelche Gründe für die Verhaltensverschreibung anzugeben, fordert der Therapeut ihn auf, sich bis zur nächsten Sitzung in sieben Tagen einmal täglich irgendwie in der harmlosesten Weise in der Öffentlichkeit lächerlich zu machen. Er kommt zurück und berichtet:

»Das erste Mal ging ich in ein mexikanisches Restaurant und bestellte ein *egg roll* [eine Spezialität der chinesischen Küche] und sagte: ›Ist das nicht mexikanisch?‹ Ich mußte mich sehr zusammennehmen, um überhaupt hineinzugehen, und die Sache war mir äußerst peinlich. Das zweite Mal, da ging ich in einer Straße, deren Namen ich kenne, und fragte jemanden, wo diese Straße war – und es war mir schon weniger peinlich, und ich mußte mich weniger zusammennehmen. Und als ich immer öfters solche dummen Fragen stellte, fand ich es immer leichter und – ah, es wurde mir immer klarer, wie todernst ich mich nehme und wie lächerlich das ist [...] Es war eine sehr gute Übung für mich – ich meine damit, die Wirkung war ganz unmittelbar; ich begann, mich weniger ernst zu nehmen und mich weniger darüber zu sorgen, ob ich einen guten oder schlechten Eindruck mache...« [10, S. 109]

In der Nachuntersuchung ein Jahr später stellte sich heraus, daß der junge Mann seine Dissertation fristgerecht abgeliefert und inzwischen promoviert hatte.

Ein anderer Klient klagt über seine Einsamkeit und ferner darüber, daß die Mitmenschen ihn vermeiden und geringschätzen. Er nimmt sich also in acht und erwartet sich nichts Gutes. Sein Gesichtsausdruck ist aber nicht so sehr traurig, als vielmehr mißtrauisch, verächtlich und zornig. Die Vermutung scheint nicht abwegig, daß die anderen einen Bogen um ihn schlagen. Dieser selbsterfüllenden Prophezeiung ist er sich völlig unbewußt. Er fragt sich vielmehr immer wieder, was man denn eigentlich gegen ihn habe. – Die Verhaltensverschreibung besteht darin, ihm aufzutragen, in Gegenwart anderer Menschen so oft wie möglich seine Mundwinkel in einer bestimmten Weise hinaufzuziehen und genau auf die Reaktion der anderen zu achten. Er kommt zur nächsten Sitzung und berichtet, daß in der letzten Woche Bekannte wie Unbekannte viel freundlicher und an ihm interessierter gewesen seien.

Diese Interventionen beruhen auf dem Gegenteil der klassischen Auffassungen therapeutischen Wandels: Statt zuerst Einsicht in die Natur des Problems zu gewinnen und dann auf Grund dieser Einsicht sich schließlich anders verhalten zu können, ist der entscheidende Faktor in jeder erfolgreichen Verhaltensverschreibung ein bestimmtes neues Verhalten, das rein sekundär und durchaus nicht notwendigerweise zu einer anderen Als-ob-Fiktion führt. Heinz von Foerster hat diesen Sachverhalt schon vor Jahren zu seinem ästhetischen Imperativ verdichtet: *Willst du erkennen, lerne zu handeln.*

Genug der Beispiele. Wir stehen erst am Anfang unseres Begreifens der Möglichkeiten, die der Konstruktivismus uns für die Lebenspraxis bietet. Diese Möglichkeiten reichen weit über die Psychotherapie hinaus. Ihre Anwendbarkeit auf viel größere Bereiche, zum Beispiel in der Managementlehre, den Problemen in anderen Großorganisationen und Gesellschaftssystemen ist bereits erwiesen. Daß sie mutatis mutandis auch auf internationale Beziehungen anwendbar sind, scheint uns heute keine Utopie mehr.

Von ebenso großer Bedeutung ist aber die Möglichkeit, daß der Konstruktivismus eines Tages die Brücke zwischen den Natur- und den Geisteswissenschaften schlagen könnte.

Und schließlich stellt der Konstruktivismus für jeden von uns eine tief persönliche Möglichkeit dar. In einem Brief Wittgensteins aus dem Jahre 1917 an seinen Freund Paul Engelmann steht ein Satz, der diese Grundgegebenheit unseres Lebens besser erklärt als meine mühselige Abhandlung: »In den besseren Stunden aber wachen wir so weit auf, daß wir erkennen, daß wir träumen.« [2]

Literatur

(1) ALLPORT, Gordon W.: »Mental Health: A Generic Attitude«. Journal of Religion and Health 4, 7–21, 1964.

(2) ENGELMANN, Paul: Letters from Ludwig Wittgenstein, With a Memoir. B.F. McGuiness (Hrsg.), übersetzt von L. Furtmüller. Oxford, Basil Blackwell, 1967, S. 9.

(3) GLASERSFELD, Ernst von: »Einführung in den radikalen Konstruktivismus«. In: Die erfundene Wirklichkeit, Paul Watzlawick (Hrsg.). München, Piper, 1981, S. 16–38.

(4) KOLAKOWSKI, Leszek: Leben trotz Geschichte. München, Piper, 1977, S. 143.

(5) MUSIL, Robert: Die Verwirrungen des Zöglings Törless. In: Prosa und Stücke. Reinbek, Rowohlt, 1978, S. 74.

(6) Piaget, Jean: La construction du réel chez l'enfant. Neuchâtel, Delachaux et Niestlé, 1937.

(7) Rosenhan, David: »Gesund in kranker Umgebung«. In: Die erfundene Wirklichkeit, Paul Watzlawick (Hrsg.). München, Piper, 1981, S. 111–137.

(8) Vaihinger, Hans: Die Philosophie des Als Ob. Berlin, Reuther & Reichard, 1911.

(9) Watzlawick, Paul: »Selbsterfüllende Prophezeiungen«. In: Die erfundene Wirklichkeit, Paul Watzlawick (Hrsg.). München, Piper, 1981, S. 91–110.

(10) Watzlawick, Paul: Die Möglichkeit des Andersseins. Bern, Hans Huber, 1977.

(11) Wittgenstein, Ludwig: Über Gewißheit. G. E. M. Anscombe und G. H. von Wright (Hrsg.). Oxford, Basil Blackwell, 1969.

Peter M. Hejl

Konstruktion der sozialen Konstruktion Grundlinien einer konstruktivistischen Sozialtheorie

I

Im Titel dieses Beitrages taucht gleich zweimal das Wort »Konstruktion« und einmal das Wort »konstruktivistisch« auf. Diese Häufung ist nicht nur das Ergebnis einer Spielerei mit Wörtern. Sie soll vielmehr auf die Probleme verweisen, denen sich eine konstruktivistische Sozialtheorie stellen muß.

Eine konstruktivistische Sozialtheorie ist natürlich ihrerseits ein Konstrukt. Dies gilt sogar in einem recht komplexen Sinne: 1. Sie ist ein Konstrukt, weil sie sich nicht auf die traditionelle Vorstellung von Objektivität bezieht.[1] Zwar erfordert das nicht unbedingt eine Klärung des Status einer derartigen Theorie, legt sie aber nahe angesichts des nach wie vor dominierenden Bezuges auf die traditionelle Objektivitätsvorstellung. 2. Eine konstruktivistische Sozialtheorie entsteht nicht als Resultat des Funktionierens überindividueller Systeme oder aufgrund des Wirkens von Faktoren, denen Individuen nur als willenlose Sklaven dienen. Es sind stets (sicher nicht in einer Dichotomie von Sozialem versus Individuellem zu denkende) Individuen (»Konstrukteure«), die eine solche (wie auch jede andere) Theorie vorschlagen. Da sich außerdem in erkenntnistheoretischer Hinsicht keine Realitätskonstruktion von

---

1 Genau gesagt ist nicht die traditionelle Vorstellung von Objektivität problematisch, sondern die an diese Vorstellung geknüpfte Überzeugung, diese Realität ihr selber angemessen beschreiben zu können. H. von Foerster kommentiert denn auch diese Objektivitätsvorstellung mit den Worten: »It is the cognitive version of the physiological blindspot: we do not see what we do not see. Objectivity is a subjects delusion that observing can be done without him.« (Zit. nach: Declaration of the American Society for Cybernetics, S. 6.)

einer anderen unterscheidet (wohl aber bezüglich ihrer Konsequenzen, s. u. zur Machtproblematik), muß eine konstruktivistische Sozialtheorie ihren »Gegenstandsbereich« letztlich als den Prozeß zu denken versuchen, in dem Individuen ihrerseits ihre Realitäten konstruieren und sich damit Möglichkeiten erfolgreichen Handelns und Kommunizierens *schaffen*. 3. Könnte man bis hierher immer noch von einer relativ klaren Situation ausgehen, in der der Theoriekonstrukteur Realitäts- bzw. Theoriekonstruktion *anderer* Konstrukteure konstruiert, so zerstört gerade die Berücksichtigung des sozialen Charakters von Individuen diese nur bei erstem Hinsehen komfortable Disposition. Der Theoriekonstrukteur ist in den gleichen Prozeß eingebunden wie die Individuen, die seinen Gegenstandsbereich konstituieren, eine konstruktivistische Sozialtheorie muß sich also letztlich ihren »Gegenstandsbereich« als im weitesten Sinne zugehörig denken. Wir haben es hier mit »tangled hierarchies« (D. R. Hofstadter 1980) zu tun. Daß dementsprechend in die Theoriekonstruktion auch Komponenten eingehen, die dem Gegenstandsbereich der Theorie entstammen, etwa sozial erzeugte Realitäts- und Rationalitätsdefinitionen – z. B. Logik – dokumentiert ebendiese Zugehörigkeit von Wissenschaft zu dem Prozeß, den sie im Fall der Sozialwissenschaft als »Gegenstandsbereich« gewählt hat.[2] Genau in diesem Sinne kann man denn auch eine konstruktivistische Sozialtheorie als »nütz-

---

2 Dieser Zusammenhang wird sehr deutlich bei der Durchsicht wissenschaftsgeschichtlicher und -soziologischer Arbeiten. Eine dabei stets wiederkehrende Argumentation ist die häufig mit einem kritischen Unterton formulierte Feststellung, der betreffende Forscher habe in seiner Gesellschaft von vielen geteilte Erklärungsschemata bei der Bearbeitung eines Problemes übernommen. So verweist z. B. A. C. Crombie (1970, 189) darauf, daß Kepler vom heliostatischen zum heliozentrischen System übergehen konnte, weil er an der platonischen Unterscheidung zwischen Idee und materieller Konkretisierung festhielt, während Galilei aufgrund der bei ihm dominierenden Überzeugung von der Adäquatheit der Mathematik für die Beschreibung der objektiven Welt zu diesem Schritt nicht bereit war. Ebenso ist die Feststellung, daß Darwin von den Ideen Malthus beeinflußt war, inzwischen zum Allgemeinplatz geworden (vgl. etwa die Beiträge in G. Altner [Hrsg.] 1981). Besonders deutlich wird dieser Zusammenhang natürlich in einer Disziplin wie der Soziologie, in der Theorievorschläge geradezu als Antworten auf als gesellschaftlich wahrgenommene Problemlagen und gleichzeitig als

lich« verstehen. Sie gibt nicht vor, ein Abbild »der« sozialen Wirklichkeit anzustreben oder gar anzubieten. Was sie vielmehr intendiert, ist der Vorschlag spezifischer Beiträge zum sozialen Prozeß der Erzeugung von Realitätskonstrukten.

Die Spezifik dieser Beiträge liegt nicht in einer behaupteten besseren Abbildung »der« Realität, sondern in der verwendeten Methode ihrer Erzeugung. Humberto R. MATURANA beschreibt sie so:

»Als Wissenschaftler machen wir wissenschaftliche Aussagen. Diese Aussagen werden durch das Verfahren validiert, das wir gebrauchen, um sie zu erzeugen: durch die wissenschaftliche Methode. Diese Methode kann durch die folgenden Operationen dargestellt werden:

a) Beobachtung eines Phänomens, das als zu erklärendes Problem angesehen wird;
b) Entwicklung einer Hypothese in Form eines deterministischen Systems, das ein Phänomen erzeugen kann, welches mit dem beobachteten Phänomen isomorph ist;
c) Generierung eines Zustandes oder Prozesses, der entsprechend der vorgelegten Hypothese als vorhergesagtes Phänomen beobachtet werden soll;
d) Beobachtung des so vorhergesagten Phänomens« (1982, 236f.).

Begreift man nun »Beobachtung« in Übereinstimmung auch mit MATURANA als konstruktiven Prozeß, so erhält man eine Beschreibung von Wissenschaft als einer spezifischen Form des Problemlösens. Die Viabilität (im Sinne E. VON GLASERSFELDS) der mit dieser Methode erzeugten Problemlösungen wird nicht durch eine nicht feststellbare Übereinstimmung mit »der« Wirklichkeit bestimmt. Sie ist davon abhängig, ob sie uns zu handeln gestattet und ob wir eine (für)wahrgenommene Übereinstimmung mit (individuell oder sozial) festgelegten Kriterien für »gute« Lösungen feststellen, d. h. entscheiden, daß solche Übereinstimmung vorliegt. Schließlich ist die Viabilität auch davon abhängig, ob die jeweils erreichte Problemlösung eine konsistente Verknüpfung mit ande-

---

Schritte in einem wissenschaftlichen Diskussionsprozeß verstanden werden (als ein Beispiel vgl. F. JONAS 1976).

ren, bereits früher oder an anderer Stelle erarbeiteten Lösungen gestattet.

Zusammenfassend kann man sagen: Eine konstruktivistische Sozialtheorie erarbeitet

- Konstrukte (Modelle, Systeme), die unsere (Als-)Wahr-nehmungen sozialer Phänomene dadurch erklären, daß die Komponenten der Modelle/Systeme durch ihre Interaktion die als Problem gewählten Phänomene erzeugen. (Genauer gesagt schlägt der Konstrukteur eine Menge von Komponenten mit spezifischen Eigenschaften und spezifischen Beziehungen zwischen ihnen vor. Er versucht dann, die zu erklärenden Phänomene durch den Nachweis zu »erzeugen«, daß sie in unserem kognitiven Bereich entstehen können, wenn Komponenten sich ausschließlich aufgrund der stipulierten Eigenschaften und auf der Basis der angenommenen Beziehungen gegenseitig beeinflussen.)
- Die Überprüfungskriterien dieser Modelle sind nicht ihre Entsprechung mit »der« Realität, sondern ihre Problemlösungskapazität, ihre Konsistenz und ihre Verknüpfbarkeit mit Modellen aus anderen Disziplinen, z. B. der Psychologie und der Biologie im Falle der Sozialtheorie.
- Aufgrund der erkenntnistheoretischen Annahmen müssen soziale Prozesse als Prozesse der Erzeugung von Realitäten und auf sie abgestimmter Handlungen verstanden werden. Dies zwingt jede konstruktivistische Sozialtheorie aus systematischen Gründen, sich mit dem Problemkreis zu beschäftigen, der durch die Vorsilben »selbst-« bzw. »auto-« gekennzeichnet wird.

Um diesen Anforderungen zu genügen, werde ich in fünf Schritten vorgehen:

1. Zunächst möchte ich einige Definitionen oder Explikationen vorschlagen, die gestatten, einige Aspekte lebender Systeme besser zu charakterisieren.[3]

---

3 Diese Definitionen resultieren aus Forschungsarbeiten der informellen »Arbeitsgruppe empirische Kognitionstheorie«, die die Kollegen G. ROTH, W. K. KÖCK, U. AN DER HEIDEN, H. SCHWEGLER und ich vor Jahren gebildet haben und deren Überlegungen durch die Arbeiten von H. VON FOER-

2. Auf der Grundlage des auf diese Weise gewonnenen Verständnisses lebender Systeme und des Gehirns als eines spezifischen Subsystems lebender Systeme möchte ich zeigen, wie diese Systeme soziale Bereiche als Ergebnis ihrer Interaktionen erzeugen.
3. Daran anschließend schlage ich eine Definition sozialer Systeme vor, die die Charakteristika der im vorigen Schritt konstruierten sozialen Bereiche abdeckt.
4. Schließlich ist die Frage zu beantworten, ob die von lebenden Systemen konstituierten sozialen Systeme ihrerseits den im ersten Schritt herausgearbeiteten Charakteristika lebender Systeme entsprechen.
5. Abschließend möchte ich noch kurz auf die Fragekreise »Konservatismus sozialer Systeme« und »sozialer Wandel« eingehen sowie auf das resultierende »Verständnis von Gesellschaft«.

II

Wenn wir zugestehen, daß wir zu nichts in der Lage sind, das uns nicht als biologischen Systemen (mit sozialer Lebensweise) möglich ist, dann sollte es unbestreitbar sein, daß wir wissen müssen, wie wir als biologische Systeme »funktionieren« und wie Biologie und Sozialität ineinandergreifen. Dies verlangt sicherlich nach einem besseren Verständnis der Charakteristika lebender Systeme, d. h. jener Klasse von Systemen zu der wir auch gehören. Auf physikalisch-chemischem Niveau können sie durch die Ter-

---

STER, H. R. MATURANA, F. VARELA und schließlich auch E. VON GLASERSFELD stimuliert und beeinflußt wurden. (Für eine ausführliche Diskussion s. U. AN DER HEIDEN/G. ROTH/H. SCHWEGLER 1984 a, b, weitere Veröffentl. in Vorb.) Wie sich aus der Durchsicht der genannten Arbeiten ergibt, sind die hier vorgeschlagenen Definitionen, die G. ROTH 1983 anläßlich eines Vortrages in der Universität Bielefeld vortrug, natürlich in keiner Weise endgültig oder gar »richtig«. Es geht vielmehr darum, im Sinne des am Beginne jeder Wahrnehmung stehenden »Make a difference!« unterscheidbare Prozesse tatsächlich zu unterscheiden und unterschiedlich zu bezeichnen. In dem Maße, in dem es gelingt, solche Unterscheidungen zu differenzieren, muß demnach auch die Begrifflichkeit differenziert und verändert werden.

mini »Selbstorganisation« oder »Selbsterzeugung« (die beiden Termini werden hier synonym verwendet), »Selbsterhaltung« und »Selbstreferenz« beschrieben werden. Die folgenden Definitionen oder Erläuterungen sollen so klar wie möglich machen, was mit diesen Begriffen hier gemeint ist und wie sie verwendet werden.

Als *selbstorganisierend* bzw. *selbsterzeugend* kann man Prozesse (oder Systeme) bezeichnen, die aufgrund bestimmter Anfangs- und Randbedingungen *spontan* entstehen als spezifische Zustände oder Folgen von Zuständen. Solche Zustände oder Folgen von Zuständen können als Attraktoren im Sinne der formalen Theorie dynamischer Systeme oder als Eigenwerte (vgl. H. von Foerster 1984) verstanden werden.

Ein *Beispiel* dafür ist die sich bildende hochkomplexe dreidimensionale Struktur eines Proteinmoleküls, z. B. eines Enzyms, die spontan entsteht, sobald die notwendigen Komponenten, z. B. Aminosäuren, in der benötigten Reihenfolge vorhanden sind. Ein anderes Beispiel ist die bekannte Zhabotinsky-Reaktion.

Ein selbstorganisierendes System ist selber nicht selbsterhaltend. Dies deshalb, weil seine Komponenten während des Prozesses zerfallen oder aufgebraucht werden und weil keine Möglichkeit besteht, sie neu zu bilden oder sie zu ersetzen.

Dieses Problem ist in *selbsterhaltenden Systemen* gelöst. Sie bestehen aus einer zyklischen Verknüpfung selbstorganisierender Systeme, die so organisiert ist, daß das erste selbstorganisierende System genau die Anfangsbedingungen für ein zweites selbstorganisierendes System (oder Prozeß) erzeugt, welches wiederum die Anfangsbedingungen für ein weiteres selbstorganisierendes System herstellt usw., bis schließlich eines der selbstorganisierenden Systeme die Anfangsbedingungen für ein selbstorganisierendes System der Klasse des ersten selbstorganisierenden Systems erzeugt und sich der Zyklus schließt. Selbsterhaltende Systeme sind Systeme, in denen selbstorganisierende Systeme sich selber in operational geschlossener Weise erzeugen. Anders ausgedrückt: Selbsterhaltende Systeme sind Systeme, deren Komponenten sich gegenseitig und damit den ganzen Zyklus (das System) erhalten.

Beispiele finden sich ebenso im Metabolismus von Zellen wie in den Interaktionen zwischen den Komponenten eines Organismus, in dem jedes Organ die Bedingungen erzeugt, unter denen die anderen Organe ihrerseits die Bedingungen erzeugen können, die für die Funktion der anderen Organe und damit für sie selbst notwendig sind.[4] Dadurch, daß selbsterhaltende Systeme als zyklische Konkatenation selbsterzeugender Prozesse (als Komponenten) gedacht sind, haben sie die Eigenschaft, nicht an die Lebensdauer einzelner Komponenten gebunden zu sein. In *diesem* Sinne sind sie »mehr« als die Summe ihrer Teile.

Selbstreferentielle Systeme sind Systeme, die die *Zustände* ihrer Komponenten in operational geschlossener Weise verändern. Dies hat die Konsequenz, daß

- selbsterhaltende Systeme notwendigerweise selbstreferentiell sind, aber
- nicht alle selbstreferentiellen Systeme selbsterhaltend sind.

Betrachtet man als *Beispiel* einen Organismus, so ist klar, daß die operational geschlossene »Erzeugung« (im Sinne der Bestimmung selbstorganisierender Systeme) seiner *Komponenten* die operational geschlossene »Erzeugung« der *Zustände* dieser Komponenten einschließt. Gleichzeitig müssen wir berücksichtigen, daß das Gehirn sich *nicht* selber erhält. Das Gehirn als selbstreferentielles System ist dadurch gekennzeichnet, daß seine neuronale Aktivität zu (veränderter) neuronaler Aktivität führt. Es ist jedoch nicht diese neuronale Aktivität als solche, die das Gehirn erhält. Erhalten wird es vielmehr durch die Organe des Organismus, zu dem es gehört.[5]

---

4 Damit ist noch keine Erklärung für den Prozeß der internen Differenzierung angeboten, den der Organbildung im biologischen Bereich. Es erscheint demnach naheliegend, den Begriff der Selbstorganisation in Zukunft für solche Prozesse zu reservieren. Dies kann in dem vorliegenden Beitrag jedoch noch nicht geleistet werden und ist hier auch nur von untergeordneter Bedeutung.

5 Dies hat die Konsequenz, daß man das Gehirn verstehen kann
a) als ein *Organ*, wenn man nach der Rolle fragt, die es bei der Selbsterhaltung des Organismus (und damit seiner selbst) spielt, und
b) als ein *selbstreferentielles System*, wenn man fragt, wie es funktioniert. Diese »Verbindung« zwischen diesen zwei Arten der Betrachtung des Gehirns scheint dessen Topologie zu sein. Als Ergebnis seiner Evolution repräsentiert die Topologie des Gehirns die sensomotorischen Oberflächen des betreffenden Organismus dergestalt, daß die selbstreferentiellen Hirnaktivi-

Diese (im Sinne der Wissenschaftstheorie nicht »strengen«) Definitionen gestatten, lebende Systeme als selbsterhaltende Verknüpfungen selbstorganisierender oder selbsterzeugender Prozesse zu verstehen. Durch die Unterscheidung zwischen der Erzeugung von Komponenten und der ihrer Zustände werden lebende Systeme als selbsterhaltend und selbstreferentiell charakterisierbar. Sie können die materielle Basis für Systeme wie das Gehirn bilden, welche (bezogen auf ihre kognitiven Funktionen) selbstreferentiell, aber nicht selbsterhaltend sind. Diese Explikation lebender Systeme wird als ein Versuch verstanden, dem Begriff *autopoietischer Systeme* (H. R. MATURANA, F. J. VARELA) eine klarere Bedeutung zuzuordnen. Insbesondere gestattet die Unterscheidung zwischen Selbsterhaltung und Selbstreferenz Phänomene zu unterscheiden, die sonst zu leicht in der gleichen Kategorie zusammengefaßt werden (vgl. N. LUHMANN 1982). Dies ist insbesondere für ein besseres Verständnis sozialer Systeme wichtig.

An dieser Stelle sind einige Anmerkungen zum Verhältnis von Konstruktivismus und der mehrfach erwähnten Theorie autopoietischer Systeme angezeigt. MATURANA, VARELA schlagen vor, lebende Systeme als zwar energetisch offen, aber funktional und informationell geschlossen zu betrachten. Ohne hier auf Einzelheiten einzugehen, die im übrigen leicht der Literatur entnommen werden können,[6] ist in unserem Zusammenhang wichtig, daß die mehrfach betonte *operationale Geschlossenheit* lebender Systeme als das *Organisationsprinzip* verstanden werden kann, *das Kognition zu einem konstruktiven Prozeß* macht. Berücksichtigt man das, was zur Charakterisierung eines selbstreferentiellen Systems am Beispiel des Gehirns gesagt wurde, so sollte klar sein, daß ein derartig funktionierendes System keinen Input in dem Sinne hat, wie die behavioristische Input-Output-Theorie es unterstellt. Für ein System dieser Art sind Einflüsse aus der Außenwelt Auslöser für interne Veränderungen, d.h. Zustandsmodifikationen, die vom System als Repräsentationen seiner Umwelt wahrgenommen

---

täten notwendig mit dem Zustand des Organismus und dessen Möglichkeiten korrespondieren (vgl. G. ROTH 1984).

6 Vgl. H. R. MATURANA 1982, F. J. VARELA 1979, 1981, 1984.

werden können. Diese »Repräsentationen« können als induktive Verallgemeinerungen gedacht werden, die in ihrer jeweils konkreten Ausprägung vom Zustand des Systems selber und damit von den Veränderungsmöglichkeiten abhängen, die ihm zu dem betreffenden Zeitpunkt aufgrund seiner Interaktionsgeschichte (d.h. aufgrund seiner Erfahrungen) zugänglich sind. »Repräsentation« meint hier also nicht »Abbildung«, sondern »Vorstellung« (vgl. E. VON GLASERSFELD 1984). Lebende Systeme sind aufgrund ihrer operationalen Geschlossenheit nicht-triviale Systeme im Sinne Heinz von FOERSTERS. Betrachtet man sie im Rahmen eines Input-Output-Ansatzes, so unterstellt man von Anfang an, daß sie mit einer Theorie trivialer Systeme modelliert werden können. Trivialisierung spielt auf den Ebenen des Verhaltens und kognitiver Prozesse zwar sicherlich eine wichtige Rolle. Sie ist aber als Resultat angeborener Prozesse zu konstruieren und nicht vorauszusetzen.

III

Im ersten Schritt habe ich lebende Systeme auch unserer Komplexität als selbsterhaltende Systeme charakterisiert, die ein selbstreferentielles, aber nicht selbsterhaltendes Subsystem enthalten, das Gehirn. Nunmehr ist zunächst etwas zum Verhältnis dieses Subsystems zum Gesamtsystem zu sagen. Anschließend möchte ich einige Überlegungen zum Verhältnis unserer biologischen Konstitution zu unserer sozialen Lebensweise anstellen. Damit sollen einerseits einige mögliche Mißverständnisse ausgeräumt und andererseits die dann folgenden Überlegungen zur Konstruktion sozialer Bereiche vorbereitet werden.

Ein System ohne Input ist ein System, dessen »Repräsentation« (Vorstellung) seiner Außenwelt von seinem eigenen Zustand abhängt. Damit stellt sich natürlich die Frage:

Wie kann man erklären, daß ein selbstreferentielles System viable Realitätskonstrukte erzeugt? Sollte man nicht meinen, daß ein selbstreferentielles System, das nur moduliert wird durch Einflüsse von »außen«, eben gerade nicht in der Lage ist, Realitätskonstrukte zu erzeugen, die erfolgreiches Handeln gestatten?

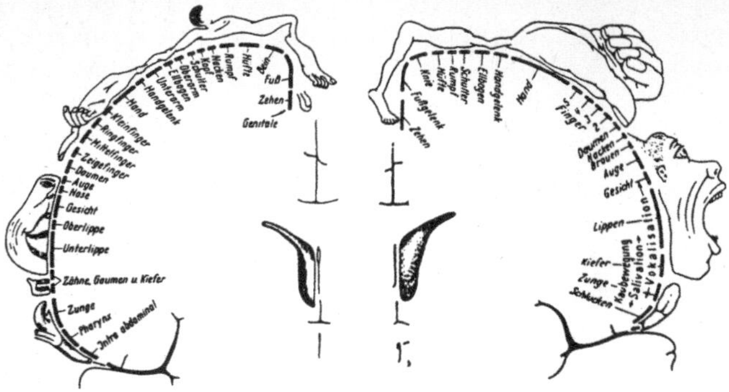

Abb. 1: Die sensorischen Projektionen (links) und die motorischen Rindengebiete (rechts) beim Menschen (nach PENFIELD und RASMUSSEN, entnommen K. WEZLER 1972, S. 352)

Um diese Frage zu beantworten, muß man sich zunächst klarmachen, daß der Zustand eines operational geschlossenen Systems als Resultat der Interaktionsgeschichte des Systems verstanden werden muß. Dabei kann es sich um Handlungen des Systems selber oder um bloße Einflüsse handeln. Welches auch immer der Ursprung dieser Zustandsveränderungen sein mag, ihre Ausprägung ist vom Systemzustand abhängig, der zu jedem Zeitpunkt bestimmte Veränderungen zuläßt und andere unmöglich macht. Der jeweilige Zustand eines lebenden Systems *ist* eine biologische Repräsentation seiner Erfahrungen, von denen ein Teil als Wahrnehmungen bewußt gemacht (vorgestellt) werden kann. Daß diese Wahrnehmungen erfolgreich sind, ist Resultat der topologischen Struktur des Gehirns, d. h. der relativen Zuordnung von Hirnbereichen zu anderen Organen des Organismus (s. Abbildung 1). So ist z. B. die Tatsache, daß »wir« einige Veränderungen unserer kognitiven Systeme (die aufgrund anderer Veränderungen auch die Wahrnehmungen erzeugen, die wir dann als »wir« bezeichnen) als »Hören« und andere als »Sehen« interpretieren, das Resultat dieser *topologischen Struktur* unserer Gehirne. Sie nehmen Erregungen ihrer visuellen oder auditorischen Bereiche als Ergebnis entsprechender Aktivitäten in ihren betreffenden sensorischen

Oberflächen (Auge bzw. Ohr) wahr und lokalisieren sie damit in den ihnen phylogenetisch zugeordneten und stabilisierten Umweltbereichen. Aus diesem Grund ist es auch verständlich, daß direkte Erregungen der betreffenden *Hirnbereiche*, etwa durch elektrische Impulse oder durch Verwendung von Chemikalien im Zuge von Operationen am Gehirn oder auch durch auf das Gehirn wirkende Drogen, die Illusionen des Hörens oder Sehens entstehen lassen, obwohl für Auge oder Ohr *nichts* passiert. Wissen kann das freilich nur der Experimentator, nicht aber das betreffende System, solange es keine Möglichkeiten hat, die unterschiedlichen Ursprünge seiner Wahrnehmungen zu identifizieren. Da in der »Normalsituation« solche Erregungen jedoch meist als Resultat externer Ereignisse auftreten, ist es leicht einsehbar, daß der selbstreferentielle Charakter des Gehirns nicht nur kein Hindernis für sein effektives Funktionieren ist, sondern sogar der einzige Weg, um die Bedürfnisse des Systems mit dem zu verbinden, was ein Beobachter als die vielfältigen Möglichkeiten der Welt beschreiben mag. Die Zustandsdeterminiertheit jeder Wahrnehmung eines lebenden Systems ist der Grund, warum diese Wahrnehmungen als »nicht-objektiv« im traditionellen Sinne verstanden werden müssen und warum sie gerade deshalb so effektiv für die Selbsterhaltung des Systems sind. Es ist diese Beziehung zwischen lebenden Systemen und den Realitäten, die sie erzeugen, die man im Sinne von E. VON GLASERSFELD als Konstruktionen bezeichnen kann. In einem sehr basalen Sinne können sie auch als »Definitionen von Realitäten« verstanden werden.

Ich möchte nun auf das Verhältnis von Biologie und sozialer Lebensweise im Falle des Menschen eingehen. Dabei setze ich die Ausführungen von Ernst von GLASERSFELD zur Selektion im Rahmen der Evolution lebender Systeme voraus. Der Kern seiner Ausführungen dazu ist die Feststellung, daß Selektion kein positiver, sondern ausschließlich ein negativer Prozeß der Auslese nicht viabler Veränderungen ist. Die Konsequenz dieser Überlegung, für die, unabhängig von von Glasersfeld, WAKE/ROTH/WAKE 1983 aus biologischer Sicht sehr gewichtige Befunde und Argumente vorgelegt haben, ist, daß jede evolutive Veränderung, jede »Definition von Realität« im ausgeführten Sinne möglich ist, die dem betreffenden lebenden System zu überleben gestattet. Diese

Fassung von Selektion als eines ausschließlich negativen Prozesses bedeutet eine wichtige Präzisierung der Evolutionstheorie, ohne die das Problem des Fortbestehens verschiedener morphologischer Charakteristika lebender Systeme trotz radikaler Veränderungen der Umwelt (im objektivistischen Sinne) nicht erklärt werden kann.

Es gibt jedoch noch eine andere Gruppe von Problemen, die die Evolutionstheorie kaum erklärt, obwohl sie auch zu ihrem Bereich gehört. Ich denke an die Evolution menschlicher Kultur und Sprache:

1. Obwohl wir nicht genau wissen, wann sich die Hominiden von den Pongiden getrennt haben und wann sich eine spezifisch menschliche Kultur und Sprache entwickelt hat, müssen wir doch annehmen, daß unsere Vorfahren während sehr langer Zeiträume ohne diese evolutionären Errungenschaften sehr erfolgreich überlebten.
2. Da eine sich verändernde Welt nicht zu auf die neue Situation abgestimmten spezifischen Veränderungen in den in ihr lebenden Systemen (d. h. nicht zu »Anpassungen«) führen kann, kann es auch keine kausale Beziehung zwischen Umweltveränderungen und der Ausbildung von Fähigkeiten geben, die lebenden Systemen gestatten, neue Lebensräume zu besiedeln bzw. sich in einer veränderten Umwelt zu erhalten. Daraus folgt, daß die spezifischen Veränderungen der lebenden Systeme von diesen selber hervorgebracht worden sein müssen.

Die sich ergebende Folgerung, daß unsere Vorfahren die uns interessierenden Fähigkeiten (wobei es nicht um die Erklärung einer spezifischen Sprache oder Kultur geht!) als Ergebnis evolutionärer Veränderungen im oben bestimmten Sinne entwickelt haben, scheint von zwei Seiten her Unterstützung zu finden:

1. Knochenfunde belegen in der Tat einen ständigen morphologischen Wandel unserer Vorfahren. Dabei kam es zu einer beachtlichen *Vergrößerung des Hirnvolumens*, insbesondere des Frontalhirns. Natürlich ist die Hirngröße nur ein sehr grober Indikator. Trotzdem muß man annehmen, daß menschliche Fähigkeiten zumindest nicht unabhängig von der Hirngröße sind.
2. Geht man davon aus, daß der sensomotorische Apparat eines lebenden Systems dessen möglichen kognitiven Bereich defi-

niert (i.o.a.S.), und damit die diesem System mögliche Umwelt, dann definiert das menschliche lebende System in der Tat eine außerordentlich große Nische. Dies hat bekannterweise Biologen und Anthropologen zu der Aussage veranlaßt, daß der *Mensch sich auf Anpassung spezialisiert* habe. Das auf Anpassung spezialisierte Organ ist jedoch das Gehirn.

Betrachtet man die Phylogenese des Wirbeltiergehirns, so wird diese Spezialisierung erkennbar. Man findet eine ganz deutliche Evolution von primitiven Nervensystemen, die vor allem motorische mit sensorischen Oberflächen verbinden, zu komplexen Zentralnervensystemen, deren Fähigkeit nicht so sehr darin liegt, daß sie einen »besseren« sensorischen »Input« gestatten, sondern vor allem in der *Steigerung interner Möglichkeiten, unterschiedliche Systemzustände zu verknüpfen oder zu vergleichen*, die auf Modulationen an der Systemperipherie (d. h. aus der Sicht des Systems von »außen«) oder im Systeminneren zurückgehen. Ein Beispiel (für das ich G. Roth danke) mag dies verdeutlichen: Der optische Nerv des Frosches, der den optischen Eingang zum Gehirn bildet, besteht aus ca. 500000 Nervenfasern, während der optische Nerv des Menschen aus einer Million Fasern besteht. Das Gehirn des Frosches besteht jedoch nur aus einigen Millionen Nervenzellen im Verhältnis zu den 500 Milliarden bis 1 Billion Nervenzellen des Menschen. Dies verdeutlicht, was *Spezialisierung auf Anpassung* bedeutet: *Zunahme und Komplexifizierung der internen Möglichkeiten zur Erzeugung neuer Realitäten.*

Denkt man die Konsequenzen einer starken Zunahme der Gehirnkapazitäten im diskutierten Sinne durch, so wird die Lösung folgenden Problems sehr wichtig: Da man davon ausgehen muß, daß (wie jeder evolutionäre Schritt) auch das Gehirnwachstum als Ergebnis noch immer weitgehend unbekannter interner Faktoren und Prozesse erfolgte (und nicht als Reaktion auf Umweltveränderungen, s. o.), so muß man annehmen, daß das betreffende System in einer relativ stabilen selbsterzeugten Umwelt lebte und sein Überleben in ihr auch ohne die neuen Möglichkeiten aufgrund des Gehirnwachstums sichern konnte. Die *Frage* ist nun:

Was passiert, wenn lebende Systeme in einer relativ invarianten Umwelt ihre Kapazität zur Erzeugung neuer Beziehungen zwischen den Zuständen jener Subsysteme ganz erheblich steigern, die zum Teil von »außen« und zum Teil von den Regionen moduliert werden, die das Phänomen des Gedächtnisses oder von Folgerungen verschiedenster Art erzeugen?

Es scheint, als müsse man annehmen, daß es in der Evolution zu größerer Gehirnkapazität einen »Punkt« gegeben hat, von dem an das Gehirnwachstum dazu führte, daß die Erzeugung der *aktuellen* Umwelt (der einzigen für das aktuelle Überleben relevanten Umwelt) der Systeme zunehmend *kontingent* wurde (vgl. P. M. Hejl 1982, 331 ff.). Das Gehirnwachstum muß also dazu geführt haben, daß die Realitätskonstrukte als auch anders möglich erfahrbar wurden. Offenbar gibt es zwei Konsequenzen, die berücksichtigt werden müssen:

1. Wenn man annimmt, daß es eine enge Verbindung gibt zwischen der Nische (oder der Realität, wie sie durch das System definiert wird) und dem Verhalten des Systems (was um so mehr zu gelten scheint, je geringer die Anpassungsfähigkeit entwickelt ist), dann wird deutlich, daß das Auftreten von Kontingenz diese Verbindung problematisch werden läßt: Die Auswahl angemessener Verhaltensweisen muß schwierig und risikoreich werden. Ein System, das aufgrund seiner eigenen Komplexität und aufgrund der Vielfalt interner Verarbeitungsmöglichkeiten nicht mehr sicher sein kann, welche Realität es aus den wenigen Signalen, die es von »außen« erhält, konstruieren soll, ist natürlich nicht in der Lage festzulegen, was »adäquat« heißt mit Bezug auf das Verhalten, auf das es sich festlegen *muß*, um aktuell handeln und damit sein Überleben sichern zu können. Daraus folgt, daß Gehirnwachstum als solches eine *Gefahr* für die betroffenen Systeme ist.
2. Auf der anderen Seite gewinnt ein lebendes System durch die Möglichkeit zur Erzeugung neuer Umwelten (was ein Beobachter als »Anpassung an eine neue Umwelt« beschreiben kann) einen Überlebensvorteil für den Fall, daß es aufgrund von Veränderungen, die nicht seiner Kontrolle unterliegen, nicht mehr in der bis dahin erfolgreichen Weise seine Selbsterhaltung sichern kann. Aus diesem Grund bedeutet Gehirnwachstum einen potentiellen *Vorteil* für ein lebendes System.

Die sich aus diesen Überlegungen ergebende Frage lautet: Wie ist es möglich, die Gefahr zu vermeiden, ohne die möglichen Vorteile zu verlieren?

Die Antwort auf dieses Problem war meiner Meinung nach die »Erfindung« von Gesellschaft. Diese »Erfindung«, sicherlich ein sich über lange Zeiträume erstreckender evolutionärer Prozeß, erlaubt nicht nur die Kanalisierung potentiell gefährlicher Wirkungen unserer an Kapazität zunehmenden selbstreferentiellen Gehirne durch die »Erfindung« von Mythen, Religionen, Kunst und schließlich Wissenschaft, sondern verwandelte auch mögliche Gefahren in Elemente des Zusammenhaltes. Durch die Verknüpfung individueller mit sozialen Realitätsdefinitionen, wobei sozial ausgearbeitete Festlegungen die individuellen in vielen Bereichen weitgehend ersetzt haben, wurde es möglich, biologisches Überleben zu sichern und gleichzeitig Bereiche zu erzeugen, in denen die selbstreferentiellen Kapazitäten unserer kognitiven Systeme ihre innovativen Möglichkeiten wirksam werden lassen konnten.

Um diese Überlegungen zusammenzufassen, kann man sagen: *Menschen leben sozial aus biologischen Gründen und können biologisch sein, wie sie sind, weil sie sozial leben.* Gesellschaft als solche ist somit biologisch notwendig. Damit wird nicht gesagt, daß *spezifische* soziale Regelungen, Normen, Institutionen oder sozial definierte Wirklichkeiten biologisch notwendig seien! Damit wird auch jeder Versuch abgelehnt, spezifische soziale Phänomene unter Rückgriff auf die hier angestellten Überlegungen zu erklären. Daß Reduktionismus und Biologismus in ihren verschiedenen Varianten durch das vorgeschlagene Modell ausgeschlossen werden, wird sowohl der Versuch deutlich machen, den Bereich des Sozialen durch die Interaktion lebender Systeme zu erzeugen, dem ich mich jetzt zuwende, als auch die sich anschließende Diskussion sozialer Systeme.

Betrachten wir zunächst ganz allgemein den Interaktionsprozeß eines lebenden Systems. Vor jeder Interaktion befindet es sich immer schon in einem oder in einer Menge von Zuständen, und sei es bei der Geburt als Resultat der Artgeschichte. Jeder Zustand definiert in dem ganz basalen Sinne eine Klasse von Interaktionsmöglichkeiten, daß es für sie angeborene oder gelernte Sequenzen von in der Vergangenheit erfolgreichen Handlungen gibt. Wie Ernst

VON GLASERSFELD mit seiner schönen Metapher vom Blinden, der sich seinen Weg durch den Wald sucht, zeigt, kann ein lebendes System feststellen, daß es in der Welt, in der es lebt, eine Fülle von Gegenständen gibt, mit denen es rechnen muß. Obwohl der Interaktionsprozeß als solcher gleich gedacht werden kann, lassen sich doch zwei Arten resultierender Konstrukte unterscheiden. Das allgemeine Schema ist, daß aus den durch den Systemzustand definierten Handlungsmöglichkeiten in der konkreten Interaktion eine realisiert wird, deren Wirkung in einer Zustandsveränderung des Systems besteht. Durch den solchermaßen veränderten Systemzustand wird eine veränderte Klasse von Realitätskonstrukten und Handlungsmöglichkeiten erzeugt, was zu wiederum verändertem Verhalten bei der nächsten Interaktion führt etc.

Wenn es in diesem Prozeß dazu kommt, daß weitere Interaktionen nicht mehr zu Zustandsveränderungen des Systems führen, dann haben wir den Fall der Konstitution oder Konstruktion von Objektivität durch das interagierende Individuum. Es hat in seinem kognitiven Bereich das Verhalten der betreffenden Gegenstände dadurch trivialisiert, daß es *sich selber* in einer Weise verändert hat, die ihm gestattet, eine viable Vorstellung des betreffenden Gegenstandes zu erzeugen.

Wenn sich als Ergebnis der Interaktionen jedoch zeigt, daß eine Trivialisierung der ausgegrenzten Entität nicht möglich ist, so führt dies dazu, daß Aktivitätszentren außerhalb des Systems wahrgenommen werden, denen aus der Sicht des Systems im Grenzfall Freiheitsgrade zugesprochen werden müssen, die den eigenen vergleichbar sind: andere lebende Systeme vergleichbarer Komplexität. In diesem Fall ist es für das lebende System nicht länger möglich, seine eigenen Zustände *einseitig* zu verändern, um zu verläßlichen Vorhersagen über das Umweltverhalten zu kommen. Statt dessen wird es notwendig, in einen *Prozeß wechselseitiger Interaktionen und damit wechselseitiger Veränderungen einzutreten, der zu einer partiellen »Parallelisierung« der selbstreferentiellen Subsysteme (der kognitiven Subsysteme) der interagierenden Systeme führt.* In dem Ausmaße, in dem lebende Systeme derartige Parallelisierungen ausgebildet haben, d. h. vergleichbare Realitätskonstrukte, sind *soziale Bereiche* entstanden. Ich behaupte, daß diese Definition sozialer Bereiche alle Phänomene in dem

Sinne abdeckt, daß es kein normalerweise als »sozial« bezeichnetes Phänomen gibt, das nicht auf diese Definition bezogen werden kann.

Als Konsequenz dieser Definition sozialer Bereiche und dessen, was über die Definition von Realität durch lebende Systeme gesagt wurde, kann soziales Verhalten verstanden werden als *jedes* Verhalten, das auf der Basis einer sozial erzeugten Realitätsdefinition oder -konstruktion hervorgebracht wird oder das zu ihrer Bildung oder Veränderung führt (vgl. P. M. HEJL 1984, 69). Dabei erscheint es notwendig, zwei Fälle zu unterscheiden. Seit E. DURKHEIMS »Les règles de la méthode sociologique« (vgl. z. B. 1983, 5 ff.) wird immer wieder der Zwangscharakter des Sozialen hervorgehoben (und damit die nur noch aus dem Bedürfnis nach Abgrenzung von anderen Disziplinen zu verstehende Trennung von Individuum und Sozialem begründet). Dieser Zwangscharakter kann auch kaum geleugnet werden. Wir alle haben häufig genug die Erfahrung gemacht, daß wir in eine Gruppe oder Organisation eingetreten sind (häufig dies sogar mußten), oder auch in einen sozialen Zusammenhang wie unsere Familie, unsere Stadt usw. hineingeboren wurden und dabei sehr festgefügten und durch mancherlei Vorkehrungen immer wieder stabilisierten Realitätsdefinitionen und auf sie abgestimmten Vorstellungen »richtigen« Handelns gegenüberstanden. In diesen Fällen vollzieht sich die Ausbildung der kognitiven Zustände, die uns ein auf diese bereits definierten Realitäten bezogenes erfolgreiches Handeln gestatten, nach dem Muster der Ausbildung des Konzeptes von Objektivität. Gefordert ist hier eine einseitige Zustandsveränderung: Anpassung. Der Typus von Interaktionen, der sie hervorbringt, ist an dem orientiert, was H. VON FOERSTER (1972, 40 ff.) als illegitime Fragen bezeichnet, d. h. Fragen, deren Antworten bereits bekannt sind. Daneben muß jedoch betont werden, daß auch diese so schwer veränderbaren Realitätsdefinitionen als Konstrukte aufgefaßt werden können. Damit stellt sich sofort die Frage nach den Konstrukteuren und damit die, ob wir ihre Definitionen übernehmen wollen oder ob wir ihre Antworten ablehnen und damit auch noch so ehrwürdige Fragen als legitim auffassen wollen. Dies selbst dann, wenn wir, z. B. aus Gründen der Überlastung (vgl. N. LUHMANN 1968 a, b), schließlich die alten Antworten übernehmen. Vor diesem Hintergrund sollte deutlich werden, daß die vorgeschlagene Bestimmung sozialen Handelns nicht nur, gewissermaßen aus Ordnungsliebe, Vollständigkeit in der Erfassung verschiedener Fälle anstrebt. Vielmehr geht es darum, neben dem Zwangscharakter sozialer Verhältnisse (Handeln *auf der Basis* sozial erzeugter Realitätsdefinitionen) auch den ebenso wichtigen Aspekt der *Erzeugung und/oder Veränderung dieser Realitätsdefinitionen* durch soziales Handeln hervorzuheben.

Die *Bedeutung sozialer Bereiche* liegt darin, daß sie sozial erzeugte Möglichkeiten für Kommunikation und koordiniertes Handeln bieten. Wenn sich ein lebendes System so verhält, wie es einem sozialen Bereich entspricht, dann werden seine Handlungen von den anderen lebenden Systemen, mit denen es diesen Bereich konstituiert hat oder die ihn zur Prämisse ihres eigenen Handelns gemacht haben,[7] so interpretiert, wie es den Intentionen des Handelnden entspricht. Dies ist auch keineswegs überraschend, wenn man berücksichtigt, daß kognitive Systeme als selbstreferentielle Systeme funktionieren, d. h. als Systeme, die alles, was sie wahrnehmen, entsprechend dem eigenen Zustand wahrnehmen. Daraus folgt für den Fall, in dem mehrere Systeme parallelisierte Zustände ausgebildet haben, daß jedes Ereignis, das zu dem betreffenden gemeinsam konstituierten Bereich (einem konsensuellen Bereich) gehört, in ebenfalls parallelisierter Weise interpretiert wird. Dies gilt für alle Arten wahrgenommener Handlungen. Werden sie durch ebenfalls sozial ausgebildete Symbolsysteme ersetzt, so haben wir es mit Kommunikation zu tun. Entsteht dabei ein Kommunikationssystem, das die Möglichkeit bietet, innerhalb des Systems dieses selber zum Gegenstand von Kommunikation zu machen, so haben wir eine Sprache. Ihr Referenzbereich ist keine Realität an sich, sondern eine sozial konstruierte oder definierte Realität. Für sie können wir auf neurophysiologischem Niveau eine Menge parallelisierter Zustände jener Akteure annehmen, die den betreffenden sozialen Bereich konstituieren oder akzeptieren. Auf der phänomenologischen Ebene der So-

7 Was ebenfalls die Ausbildung parallelisierter Zustände erfordert.

zialwissenschaften scheint es angemessen zu sein, von »sozial erzeugtem Sinn« bzw. von »sozial erzeugter Bedeutung« zu sprechen.

Aufgrund der Interaktionsbasis von Kommunikation ist es jedoch nicht möglich, auf der kommunikativen Ebene festzustellen, ob kommunikative Interaktionen erfolgreich waren. Der Beleg für eine erfolgreiche kommunikative Interaktion ist nicht eine wiederum kommunikative Bestätigung des Partners, sondern die Beobachtung entsprechenden Handelns durch den an einer Überprüfung seiner kommunikativen Bemühungen interessierten Sprecher (vgl. allgemein zur Kommunikation W. K. Köck 1980, 1981).

IV

Ein *soziales System* kann definiert werden als eine Gruppe lebender Systeme, die zwei Bedingungen erfüllen:

1. Jedes der lebenden Systeme muß in seinem kognitiven Subsystem mindestens einen Zustand ausgebildet haben, der mit mindestens einem Zustand der kognitiven Systeme der anderen Gruppenmitglieder verglichen werden kann.[8]

---

8 Aus dieser Definition geht hervor, daß Individuen *nicht* vollständig Komponenten sozialer Systeme sind, sondern nur im Ausmaß der Ausbildung entsprechender Zustände ihrer kognitiven Subsysteme. Da darauf noch eingegangen werden wird, sei hier lediglich hervorgehoben, daß die Rede von Individuen als Systemkomponenten stets in diesem Sinne zu verstehen ist. Im übrigen wird der Begriff des Individuums hier nicht als so problematisch betrachtet, wie der Hinweis auf die Entstehung dieses Konzeptes erst in der Neuzeit nahezulegen scheint. Daß diese Selbstdefinition des modernen Menschen im Laufe der Prozesse entsteht, die auch zur Ausbildung der neuzeitlichen Wissenschaft geführt haben, bedeutet ja nur ein Bewußtwerden von Leistungen und Eigenschaften, die menschlichen kognitiven Systemen seit ihrer Entstehung zuzusprechen sind. Der Umstand, daß diese Eigenschaften aufgrund der geringen oder/und einfachen (z. B. hierarchischen) sozialen Differenzierung vor der Neuzeit kaum bewußt werden konnte, ist lediglich ein Hinweis auf einen Spezialfall der in dieser Arbeit ja gerade behaupteten sozialen Realitäts- und damit auch Selbstdefinition der Interagierenden.

2. Die lebenden Systeme müssen (aus ihrer Sicht) mit Bezug auf diese parallelisierten Zustände interagieren.

Anders formuliert: Die Gruppenmitglieder müssen eine gemeinsame Realität und damit einen Bereich sinnvollen Handelns und Kommunizierens erzeugt haben *und* auf ihn bezogen interagieren.

Im Gegensatz zur Definition sozialer Bereiche ist die Definition sozialer Systeme eher restriktiv. Diese Restriktion ergibt sich aus der Kombination der Bedingungen, wie einige Beispiele deutlich machen mögen.

In Europa dürften sich einige Millionen Menschen für Fußball interessieren. Sie kennen mehr oder weniger die Regeln, wissen, welche Meisterschaften ausgetragen werden etc. Entsprechend der Definition konstituieren sie einen sozialen Bereich (bzw. haben sich an ihn angepaßt). Sie bilden aber kein soziales System, da sie nicht interagieren. Eine Fußballmannschaft dagegen gehört zu einem sozialen Bereich und ist im Sinne der Definition ein soziales System.

Wir haben alle Erfahrungen in Familien, wissen also was Väter und Mütter sind etc. Trotzdem *bilden* wir kein soziales System Familie. Dieses entsteht erst, wenn wir uns entsprechend verhalten und die Systemkomponenten, d. h. die die Familie konstituierenden Individuen, die Möglichkeit haben, an der sozialen Konstruktion der Realität mitzuwirken, die für eine spezifische Familie typisch ist.

Eine Firma kann ein soziales System sein, wenn die in ihr Interagierenden die Möglichkeit haben, an der Realitätskonstruktion teilzuhaben, die zur Grundlage von Firmenentscheidungen gemacht wird. Haben sie diese Möglichkeit nicht, so bilden sie kein soziales System, sondern arbeiten lediglich für ein solches (vgl. H. R. MATURANA 1980, 17f.).

Wie aus diesen Beispielen deutlich wird, müssen alle genannten Bedingungen erfüllt sein. Weder die Teilnahme an der Konstitution eines sozialen Bereiches noch seine Übernahme noch das Vorliegen von Interaktionen ist für sich genommen für die Konstitution sozialer Systeme ausreichend.

Ein aus systematischen und wissenschaftspraktischen Gründen wichtiges Problem ist die Bestimmung der *Grenzen sozialer Systeme*. Obwohl diese Frage für soziale Systeme besonders schwierig zu beantworten ist, ist sie doch keine spezifisch sozialwissenschaftliche. In der Biologie z. B. gibt es kaum Probleme, sich über die Grenze eines lebenden Systems zu verständigen. Seine Grenze ist die Haut, die seine Oberfläche bedeckt. Versucht man jedoch, diese Grenze in einer physikalischen Terminologie zu definieren, so ist das Resultat weitaus weniger eindeutig, da man die Materien und Prozesse, die man im System findet, auch außerhalb antrifft. Schließlich ist man gezwungen, zu einer Definition zu greifen, die mit abrupt sich verändernden Gradienten von Intensitäten arbeitet, d. h. mit dem beobachterabhängigen Bereich unserer Möglichkeiten, Meßergebnisse zu unterscheiden. Diese Beobachterabhängigkeit wird noch deutlicher, wenn man Ökosysteme betrachtet. Wo ist z. B. die Grenze eines Sees? Ist es der Rand der Wasseroberfläche? Müssen wir einen Streifen des angrenzenden Landes einbeziehen und, falls ja, wieviel? Wenn wir Gradienten verwenden, z. B. die Temperatur oder die Konzentration von H_2O, dann wird es Fälle geben, in denen diese Kriterien nur sehr unscharfe Grenzziehungen erlauben.

Der beste Weg, diese Schwierigkeiten zu überwinden, dürfte darin bestehen, die Suche nach »natürlichen« Grenzen aufzugeben und innerhalb der Möglichkeiten der wissenschaftlichen Methode im konstruktivistischen Verständnis zu verbleiben. Dies heißt, daß wir einerseits das System so definieren müssen, daß alle die Komponenten berücksichtigt werden, die erkennbar an der Erzeugung der Phänomene beteiligt sind, die wir erklären wollen. Der Angelpunkt einer Definition der Grenzen eines sozialen Systems ist demnach das zu erklärende Problem, das ein Beobachter (bzw. eine Beobachtergemeinschaft) ausgewählt hat. (Dies schließt keineswegs die Suche nach einer »besten« oder »optimalen« Definition der Grenzen von Systemen einer spezifischen Klasse aus, solange die schließlich akzeptierte Definition nicht als »natürlich« mißverstanden wird.) Für den Fall sozialer Systeme heißt dies andererseits aber auch, daß die Grenzen durch die Interaktionen der Komponenten konstituiert werden, d. h. als Interaktionsgrenzen gefaßt werden müssen.

Da in unseren intern differenzierten Gesellschaften jedes Individuum eine Vielzahl von sozialen Systemen mitkonstituiert, ist es konsequent, *Individuen soziologisch* als »Schnittpunkte« oder »Berührungspunkte« sozialer Systeme zu verstehen. Ein Individuum ist zur gleichen Zeit Komponente mehrerer sozialer Systeme, die durch »Multikomponenten-Individuen« verbunden werden. Dies gestattet, *Gesellschaft* als ein Netzwerk sozialer Systeme mit den Individuen als »Knoten« (um diesen Begriff der Graphentheorie zu verwenden) zu verstehen. Es sollte klar sein, daß jeder Beobachter oder jede Beobachtergemeinschaft ebenfalls Teil dieses Netzwerkes ist. Dies hat die Konsequenz, daß es für jede Analyse sozialer Systeme, und damit auch ihrer Grenzen, nicht ausreicht, sie als externer Beobachter zu definieren. Wenn wir wissen wollen, wo die Grenzen dessen verlaufen, was wir hypothetisch als ein soziales System fassen, dann müssen wir empirisch (durch Interaktionen mit den betreffenden Individuen) versuchen zu konstruieren, welches die konstitutiven Interaktionen sind und wie die Beteiligten das System »sehen« (definieren, s. o.), das sie konstituieren. Die Frage der Grenzen sozialer Systeme erweist sich also letztlich als eine empirische Forschung im vorgeschlagenen Rahmen.

V

Zu welchem Systemtypus gehören soziale Systeme? Sind sie selbstorganisierend? Sind sie selbsterhaltend oder selbstreferentiell? Um diese Frage zu beantworten, scheint es am günstigsten zu sein, jene Prozesse genauer zu betrachten, die bei der Diskussion *lebender Systeme* mit diesen Begriffen bezeichnet wurden, und sie mit denen zu vergleichen, die *soziale Systeme* kennzeichnen.

Besteht man darauf, *soziale Systeme als selbstorganisierend* zu begreifen, so würde man eine Äquivalenz zwischen physikalisch-chemischen und sozialen Systemen behaupten, die nicht dem entspricht, was wir in beiden Fällen feststellen können. Wenn wir den großen Komplexitätsunterschied zwischen den Komponenten der beiden Fälle vernachlässigen, so scheint auf dem operationalen Niveau, d. h. dem des Funktionierens des Systems, der Hauptunterschied in der *Spezifität und Spontaneität* zu liegen, mit der sich physikalisch-chemische Systeme bilden.

Bei der Bildung sozialer Systeme entspricht nichts der Spontaneität, die wir im physikalisch-chemischen Bereich in den Prozessen finden, die als selbstorganisierend definiert wurden. Zwar finden wir eine Vielzahl spontan entstehender Sozialsysteme, die Art der Spontaneität unterscheidet sich aber erheblich von der im physikalisch-chemischen Bereich. Wenn bei der Bildung eines sozialen Systems auf eine sozial definierte Realität zurückgegriffen werden kann, z. B. auf die Erfahrungen der Teilnehmer in ihren jeweiligen Familien, dann setzt die Konstitution eines neuen Sozialsystems die Erfahrungen in einem anderen voraus. In spontan entstehenden physikalisch-chemischen Systemen gibt es nichts, was diesen Voraussetzungen entspricht. Hinzu kommt natürlich, daß bei Vorliegen der für die Entstehung eines derartigen Systems notwendigen Bedingungen, dieses auch tatsächlich entsteht, während die Bedingungen für die Entstehung eines *spezifischen* sozialen Systems »Familie«, zumindest in unseren Gesellschaften, nicht einmal angebbar ist.

Da wir bei Menschen als Komponenten sozialer Systeme aufgrund ihrer Komplexität und Historizität auch nicht die Uniformität haben, die wir im physikalisch-chemischen Bereich feststellen, finden wir in sozialen Systemen auch nichts, was der Spezifität selbstorganisierender Systeme entspricht. Dementsprechend kann im Gegensatz zu selbstorganisierenden Systemen die Bildung eines *spezifischen* sozialen Systems nicht wiederholt werden.

Aus diesen Überlegungen folgt, daß soziale Systeme nicht als selbstorganisierend im definierten Sinne bezeichnet werden sollten.

Es scheint besonders verlockend zu sein, *soziale Systeme als selbsterhaltende Systeme* einzustufen. Auch gegen diese Klassifikation sprechen jedoch gewichtige Argumente:

Soziale Systeme erzeugen nicht die lebenden Systeme, die die sozialen Systeme konstituieren. Eine Fußballmannschaft, eine Familie oder eine Organisation erzeugt nicht im physischen Sinne ihre Mitglieder. Diese werden vielmehr von biologischen Systemen erzeugt, wobei sicherlich ein erheblicher Teil der in diesem Zusammenhang auftretenden Verhaltensweisen zu sozialen Systemen gehört. Kann man diesen Schwierigkeiten entgehen, wenn man als Komponenten sozialer Systeme Handlungen oder Kommunikationen wählt, wozu der Konstruktivist ja prinzipiell frei ist?[9] Im Rahmen des hier vertretenen Wissenschaftsverständnisses, insbesondere angesichts der an ein Erklärungsmodell zu stellenden Anforderungen, scheint dieser Weg nicht gangbar zu sein. Natürlich kann man von sozialen Systemen als selbsterhaltenden oder autopoietischen Systemen *sprechen* und sie dann überall »entdecken«. Problematisch bleiben jedoch die Überführung dieser Redeweise in ein Modell und die Konsequenzen einer derartigen Konstruktion. Nimmt man als Komponenten Handlungen, so läßt sich nicht zeigen, wie aus ihnen ein System im Sinne selbsterhaltender (oder autopoietischer) Systeme entsteht. Eine Handlung ist eine Handlung. Alles was sonst über sie ausgesagt werden kann, benötigt mindestens ein kognitives System, für das sie etwas bedeutet und das deshalb eine auf sie bezogene Handlung erzeugt und/oder etwas über sie aussagt. Dies kann der Systemkonstrukteur (z. B. der Wissenschaftler) sein und/oder die seinen Gegenstandsbereich konstituierenden Individuen. Aus diesem Grund ist eine Systemkonzeption, die darauf aufgebaut ist, daß Handlungen zu Handlungen führen, nicht konsistent mit der an Erklärungsmodelle zu stellenden Forderung, die zu erklärenden Phänomene ausschließlich aus den Interaktionen der Systemkomponenten zu erzeugen (s. o.). Ein derartiges System ist wie das, was von einem Netz übrigbleibt, wenn man alle Knoten herausschneidet. Man kann dann immer noch die Beziehungen zwischen den nicht mehr thematisierten Knoten betrachten – solange niemand dieses System anrührt. Bei einer derartigen Systemkonzeption wird, mit anderen Worten, der für die Definition selbsterhaltender (autopoietischer) Systeme wichtige Begriff der Produktion (MATURANA/VARELA sprechen immer wieder von einem »Netzwerk der Produktion von Komponenten«) nur mehr metaphorisch verwendet.

Wenn man darüber hinaus ein soziales System als selbsterhaltend bezeichnet, so unterstellt man eine Parallelität zwischen Organismen und sozialen Systemen, die den Unterschied zwischen selbsterhaltenden und selbstreferentiellen Systemen verwischt. Da die Unterscheidung zwischen selbsterhaltenden und somit

---

9 Vgl. z. B. S. BEERS Beitrag aus dem Jahr 1975 in H. R. MATURANA 1982, 177 ff. oder N. LUHMANN 1981, 33 ff.; 1984.

auch selbstreferentiellen Systemen auf der einen und selbstreferentiellen aber *nicht* selbsterhaltenden Systemen auf der anderen Seite die Einführung der spezifischen Kategorie selbstreferentieller Systeme voraussetzt, bedeutet die Klassifikation sozialer Systeme als selbsterhaltend, daß wir soziale Systeme mit lebenden Systemen *ohne Gehirn* gleichsetzen. Wie zu Anfang erwähnt, besteht das Problem einer Sozialtheorie aus konstruktivistischer Sicht aber gerade darin, die am sozialen Prozeß beteiligte Vielzahl von konstruktivistisch operierenden Gehirnen zu berücksichtigen.

Geht man den Weg, als Komponenten sozialer Systeme Handlungen zu wählen, so wirkt sich das Problem der Ausblendung der beteiligten Gehirne, d. h. der Individuen, soweit sie Komponenten sind, so aus, daß diesen Komponenten Eigenschaften zugesprochen werden müssen, die traditionellerweise kognitiven Systemen (»Gehirnen«) vorbehalten werden: sie müssen wahrnehmen, denken, Probleme haben oder lösen etc. Die Ausschließung der kognitiven Systeme als Ergebnis des verlorenen Bezuges auf Individuen führt offenbar notwendig zur Konstruktion sozialer Systeme als Individuen »eigener Art«.

Aus diesen Überlegungen folgt, daß eine Klassifikation sozialer Systeme als »selbsterhaltend« mit der Definition dieser Systeme nicht vereinbar ist, außerdem zu einem Biologismus führt, und damit die bekannten ideologischen Konsequenzen haben kann.

Sollte man *soziale Systeme als selbstreferentiell* begreifen? Auch dieser Versuch scheint mir zum Scheitern verurteilt zu sein.

Der Zustand eines Neurons oder einer Gruppe von Neuronen wird ausschließlich durch das selbstreferentielle System Gehirn beeinflußt, zu dem es gehört. Dazu gibt es in sozialen Systemen keine Entsprechung. Die Komponenten sozialer Systeme sind auf dem Niveau ihres physischen Substrates ebenfalls Zustände von Neuronengruppen. Da diese jedoch nicht von anderen Neuronengruppen isoliert sind, werden sie durch Prozesse verändert, die in anderen Teilen des Gehirns ablaufen. Da jedoch nicht alle Zustände und Prozesse in den Gehirnen der ein soziales System bildenden Individuen für das betreffende soziale System konstitutiv sind, kann ein soziales System in einer Weise verändert werden, die sich von der unterscheidet, die für ein selbstreferentielles System angenommen werden kann. Die Komponenten sozialer Systeme, und damit auch diese selber, können verändert werden als Ergebnis der Interaktionen der Individuen in *anderen* sozialen Systemen (s. u. »sozialer Wandel«).

Soziale Systeme sind nicht eine Art überindividueller Supergehirne in dem Sinne, in dem das Gehirn als ein selbstreferentielles System verstanden werden kann. Jeder Versuch, soziale Systeme dennoch so zu verstehen, sieht sich dem Problem gegenüber, entweder die Systematik dieses Systemtyps zu vernachlässigen oder die Angemessenheit des Modelltransfers aus dem biologischen in den sozialen Bereich aufweisen zu müssen. Wie bei der Diskussion des Verhältnisses des selbstreferentiellen Systems Gehirn zum selbsterhaltenden System Organismus ausgeführt, hat sich die *Topologie* des Gehirns so entwickelt, daß dieses seine *Funktion als Organ des Organismus, zu dem es gehört*, erfüllen kann, obwohl es als selbstreferentielles System funktioniert. Dementsprechend müssen bei der Klassifikation sozialer Systeme als »selbstreferentiell« zwei Fragen beantwortet werden:

1. Was entspricht dieser Topologie des Gehirns in sozialen Systemen?
2. Was entspricht im Falle sozialer Systeme dem selbsterhaltenden System Organismus, von dem soziale Systeme ein funktionales Teil sein müßten, wie das Gehirn ein funktionales Teil des Organismus ist?

Soweit ich sehe, lassen sich diese Fragen nur durch den Schritt in den Biologismus, Gesellschaften als Organismen, oder durch die Ablehnung der Klassifikation sozialer Systeme als selbstreferentiell beantworten.

Um diese Diskussion zusammenzufassen, möchte ich festhalten, daß der beste Weg, um Konfusionen zu vermeiden, offenbar der ist, die diskutierten Termini und Konzepte *nicht* für die Klassifikation sozialer Systeme zu verwenden. Ihre Bedeutung liegt vielmehr in der mit ihrer Hilfe entwickelbaren Systematik über verschiedene Phänomenbereiche hinweg (»von der Zelle zur Gesellschaft«), ohne daß dabei die Differenzen zwischen diesen Bereichen in einer unklaren Begrifflichkeit verwischt werden. Diese Systematik ist nun für soziale Systeme und für Gesellschaften fortzuführen.

Obwohl wir in der Lage sind, unter Rückgriff auf ein Modell

lebender Systeme ein Modell sozialer Systeme zu erzeugen, müssen wir feststellen, daß die Phänomenologie sozialer Systeme offenbar nach Schaffung einer eigenständigen Modellklasse verlangt. Sie muß gestatten, folgende Eigenschaften sozialer Systeme zusammenzufassen:

1. Soziale Systeme werden durch lebende Systeme konstituiert, die prinzipiell frei sind, an der Konstitution eines spezifischen Systems teilzunehmen oder nicht.[10] Wenn sie teilnehmen, verlieren sie dennoch nicht ihren Charakter als Individuen.
2. Menschliche lebende Systeme konstituieren stets eine Mehrzahl sozialer Systeme zur gleichen Zeit.
3. Im Gegensatz zu selbsterhaltenden Systemen erzeugen soziale Systeme ihre Komponenten in physischer Hinsicht nicht selber.
4. Im Unterschied zu selbstreferentiellen Systemen organisieren soziale Systeme *nicht alle Zustände* ihrer Komponenten und legen damit nicht die jeweilige systemrelative Realität als die einzige Realität fest, die den Komponentenindividuen zugänglich ist.
5. Im Gegensatz zu den Komponenten biologischer Systeme haben alle Komponenten sozialer Systeme direkten Zugang zur Umwelt des jeweiligen sozialen Systems.

Wenn man über diese Charakteristika sozialer Systeme nachdenkt, dann wird deutlich, daß das Merkmal, das sie am stärksten von anderen Systemen unterscheidet, die notwendige Ausbildung von parallelisierten Zuständen in den interagierenden lebenden Systemen ist. Diese parallelisierten Zustände lebender Systeme, die man als physiologische Basis sozial erzeugter gemeinsamer Realitäten, von Sinn und Bedeutung, annehmen kann, sind Resultat sozialer Interaktionen und die Bedingung weiterer Inter-

---

10 Mit der Betonung dieser prinzipiellen Freiheit wird nicht die Möglichkeit unterstellt, sich aus allen sozialen Systemen zurückziehen zu können. »Freiheit der Teilnahme« meint hier vielmehr die Möglichkeit, die Teilnahme an einem System durch die Teilnahme an einem anderen zu ersetzen. Ebenso wird mit dieser Formulierung nicht behauptet, daß diese Freiheit zu vom einzelnen Teilnehmer vertretbaren »Kosten« wahrgenommen werden kann. Wichtig ist vielmehr die Betonung dieser *prinzipiellen* Möglichkeiten und ihre Einbeziehung in die Systematik.

aktionen der gleichen Art. Obwohl es nicht möglich ist, die Entstehung dieser Zustände dadurch zu rekonstruieren, daß man *isolierte* Individuen betrachtet, weshalb *jeder Reduktionismus ausgeschlossen* ist, können diese Zustände auch nicht erklärt werden, wenn die Individuen nicht berücksichtigt werden. Wegen dieser zentralen Rolle sozial ausgebildeter Zustände der lebenden Systeme *schlage ich vor, soziale Systeme als »synreferentiell« zu bezeichnen.*

VI

Zwar ist es an dieser Stelle nicht möglich, die Konsequenzen des vorgeschlagenen Verständnisses sozialer Systeme genauer zu untersuchen, trotzdem möchte ich abschließend noch auf drei Problemkreise kurz eingehen: »Konservatismus synreferentieller Systeme«, »sozialer Wandel« und schließlich »Gesellschaft als Netzwerk synreferentieller Systeme«.

Der Konservatismus synreferentieller Systeme hat einen doppelten Ursprung: die Funktionsweise kognitiver Systeme und die Notwendigkeit, den für das jeweilige System charakteristischen synreferentiellen Bereich zu erhalten. Kognitive Systeme sind konservativ aufgrund ihrer selbstreferentiellen Operationsweise, d. h. sie präferieren in der Vergangenheit erfolgreiche Verhaltensweisen. Dabei ist es wichtig, daß dieser Konservatismus prima vista aus der Funktionsweise selber resultiert und allenfalls sekundär über bewußt ablaufende Prozesse verstärkt, häufiger jedoch verringert wird (s. u.). Betrachtet man ein kognitives System als selbstreferentiell, dann wird klar, daß es (im kognitiven Bereich eines systemexternen Beobachters der Umwelt des beobachteten Systems zugeordnete) Ereignisse nur dann wahrnehmen (und damit für sich zu Ereignissen machen) kann, wenn es *aufgrund seiner eigenen Struktur und seiner eigenen Zustände*[11] in der Lage ist, sie

---

11 Damit wird die von H. R. MATURANA/F. J. VARELA betonte Differenz von Organisation und Struktur aufgenommen, die im Kontext dieser Arbeit nicht explizit (wohl aber implizit) eingeführt wurde. MATURANA/VARELA charakterisieren Systeme auf basaler Ebene durch die Angabe ihrer Orga-

für sich zu konstruieren. Diese Bindung der Wahrnehmung an die ja historisch entstandene Struktur und deren jeweilige Zustände (weshalb MATURANA auch von »Strukturzuständen« spricht) kann man auch dadurch ausdrücken, daß man feststellt: kognitive Systeme nehmen auftretende Ereignisse im Lichte der Systemvergangenheit und der dabei evolutiv ausgebildeten Wahrnehmungsmöglichkeiten wahr.[12] Diese mit dem Begriff »Erfahrung« nur un-

---

nisation (operational offen oder geschlossen). Ein solchermaßen bestimmter Systemtypus kann aber in vielerlei Weisen konkretisiert werden. Die Art der Konkretisierung bezeichnen sie dann als seine »Struktur« (vom lat. *struere*, d. h. schichten, neben- oder übereinanderlegen, zusammenfügen, aufbauen, errichten). In diesem Sinne sind eine Zelle und ein Organismus durch die gleiche Organisation, aber durch unterschiedliche Strukturen gekennzeichnet. Klarerweise bestimmt die Struktur eines Systems auch den Bereich der Phänomene, den dieses System wahrnehmen kann, was bereits J. VON UEXKÜLL, etwa am Beispiel der Zecke, sehr anschaulich gemacht hat (vgl. J. VON UEXKÜLL/G. KRISZAT 1970).

12 Damit ist keineswegs die Entstehung von radikal Neuem ausgeschlossen, bezieht sich diese Aussage doch auf die, freilich sehr dominierende, allgemeine Funktionsweise selbstreferentieller kognitiver Systeme. Will man sich einer Erklärung des Phänomens von Innovationen nähern, so ist zunächst zu berücksichtigen, daß im hier vertretenen konstruktivistischen Verständnis Neues nicht an sich, sondern nur mit Bezug auf konkret Wahrnehmende bestimmt werden kann. »Neu« ist dann jede Wahrnehmung oder Erklärung, die von den sie erzeugenden Individuen so verstanden wird. Eine angebbare »Mechanik«, die die Entstehung von Neuem in diesem Sinne zumindest teilweise erklärt, hängt gerade mit dem selbstreferentiellen Charakter kognitiver Systeme zusammen. Da sie Ereignisse in Abhängigkeit von ihren jeweiligen Erfahrungen als Wahrnehmungen konstruieren, muß es immer wieder dazu kommen, daß ein Ereignis von einem oder mehreren Beobachtern (die eventuell ein soziales System konstituieren) in einer Weise konstruiert wird, die von der anderer Beobachter abweicht. Da eine erfahrungsabhängige Wahrnehmung aber auch Möglichkeiten des Handelns in der entsprechenden Realität einschließt, führen unterschiedliche Realitätskonstrukte auch zu unterschiedlichem (neuem) Handeln und unterschiedlichen Beschreibungen, was zu einem Prozeß der Differenzierung in der Behandlung des »gleichen« Gegenstandes führen kann. Solche Prozesse lassen sich dann als Innovationsprozesse beschreiben. Beispiele dafür finden wir z. B. bei der Differenzierung wissenschaftlicher Disziplinen (vgl. z. B. M. J. MULKAY 1975) oder auch im Bereich des Transfers von Techniken und Technologien zwischen unterschiedlichen Wirtschaftsbereichen. Beispiele dafür sind sowohl der groteskerweise im-

befriedigend bezeichnete Verknüpfung von Systemgeschichte und der dem System möglichen Zukunft schließt immer auch Handlungserfahrungen ein, so daß mit dem organisatorisch bedingten Konservatismus des kognitiven Systems immer auch Handlungsmöglichkeiten aktualisiert werden, selbst wenn sie in vielen Fällen im Lichte komplementärer Erfahrungen nicht immer befriedigen.

Neben diesem Konservatismus als Ergebnis der Organisation selbstreferentieller Systeme, der sich natürlich auch in synreferentiellen Systemen auswirkt, haben wir in diesen noch zusätzliche, spezifisch soziale Ursachen zur Erklärung ihres Konservatismus. Die Einheit, oder, salopp formuliert, die Geschäftsgrundlage, dieser Systeme ist die Existenz einer gemeinsamen Realität. Da diese als (aus Interaktionen resultierende) parallelisierte Zustände der selbstreferentiellen Systeme konzipiert ist, die das soziale System bilden, gilt konsequenterweise, daß auch ein Repertoire von Handlungen ausgebildet wurde, die (bezogen auf die gemeinsame Realität) als »sinnvoll« oder »angemessen« unter den Systemmitgliedern gelten. Dementsprechend kann jede dieser Handlungen oder Kommunikationen von jedem Systemmitglied auf seine eigene sozial erzeugte systemrelative Erfahrung bezogen und damit bedeutungsvoll interpretiert werden. Gleichzeitig kann jedes Mitglied aufgrund der sozialen Hervorbringung seiner systemrelativen Erfahrungen sicher sein, daß seine Erfahrungen auch in einem speziellen Fall von den anderen geteilt werden, solange es den synreferentiellen Bereich nicht verläßt. Umgekehrt wird einem Systemmitglied durch das Auftreten von bis dahin nicht erlebten Kommunikationsproblemen oder/und dadurch, daß andere Systemmitglieder offenbar seine Handlungen »falsch interpretieren«, sehr schnell signalisiert, daß es im Begriff ist, den für das System spezifischen synreferentiellen Bereich zu verlassen. Ein ganzes Arsenal sozialer Kontrollen, von der Einschränkung von Kontakten über »offene« Gespräche bis hin zu formalen Sanktionen, man denke etwa an den ganzen Bereich der vereins- und ver-

---

mer wieder für die Rechtfertigung der Weltraumforschung bemühte Fall der aus der Raketentechnik stammenden hitzebeständigen Beschichtungen von Pfannen als auch die zur Zeit sich besonders dynamisch entwickelnde Ausbreitung der Computertechnologie.

bandsinternen Gerichtsbarkeit, wird dem Abweichler schnell deutlich machen, daß er im Begriff ist, den Bereich einer sozial erzeugten Wirklichkeit und der (auf sie bezogenen) richtigen Verhaltensweisen zu verlassen.[13]

Obwohl soziale Systeme also aufgrund ihrer Organisation notwendigerweise konservative Systeme sind, erzeugen sie ebenso notwendigerweise das Phänomen des sozialen Wandels. Es kann erklärt werden als Wirkung einer spezifischen Eigenschaft der Komponenten sozialer Systeme, nämlich der, stets mehrere soziale Systeme zu konstituieren (vgl. Abb. 2). Wie jedes System interagieren auch synreferentielle Systeme durch die Interaktionen ihrer Komponenten, d. h. durch die Individuen, die sie konstituieren. Diese müssen ihre verschiedenen Komponentenrollen (oder -existenzen) integrieren. Wird dies aus irgendeinem Grund schwierig oder kommt es dazu aufgrund von Veränderungen in anderen sozialen Systemen, so können sie ihr Verhalten und die ihm entsprechende Realitätsdefinition ändern. Damit ist freilich nicht gemeint, daß die betroffenen Individuen in einer derartigen Problemlage dezisionistisch eine Neudefinition ihrer Realität vornehmen und dabei eine neue Realität gewissermaßen frei schöpfen. In der Regel dürfte eine solche Situation durch als einander widersprechende Handlungsanforderungen vor dem Hintergrund inkompatibler Realitäten unterschiedlicher Systeme erfahren werden. In solchen Situationen gibt es eine Vielzahl von Möglichkeiten, von denen hier nur wenige angesprochen werden können.

Die radikalste Lösung der Probleme aus derartigen Situationen ist die Entscheidung für (oder gegen) eine der angebotenen systemrelativen Möglichkeiten, oder die Ablehnung aller angebotenen Alternativen.[14] Es ist klar, daß diese Entscheidungen wegen ihrer weittragenden Konsequenzen nur selten vorkommen dürften. Immerhin ist der Fall des Ausscheidens aus einem spezifischen sozialen System relativ häufig, auch wenn der einzelne ihn in seinem Leben nicht sehr oft vollziehen dürfte: Mitgliederfluktuationen bei Parteien und Vereinen, Ehescheidungen und Firmen-

---

13 Für eine Fülle von Beispielen vgl. D. Black 1984a, b.

14 Vgl. dazu den Begriff der Rejektion bei G. Günther 1976.

wechsel sind Beispiele dafür. Dem Fall der Ablehnung aller sich aus der Vielzahl der Systemmitgliedschaften ergebenden Möglichkeiten am nächsten kommt der des »sozialen Aussteigers«, der sich gleichzeitig aus einer Vielzahl sozialer Systeme zurückzieht. Auch dieser Fall zeigt jedoch, daß »Rückzug aus sozialen Systemen« nicht Rückzug in einen nichtsozialen Bereich traditionell verstandener Individualität bedeutet. Auch in diesem Fall werden in der Regel die alten Beziehungen ersetzt durch die in anderen sozialen Systemen. Man ist nicht Aussteiger aus sozialen Systemen allgemein, sondern man verläßt die sozialen Systeme des Managements einer Firma und/oder der Redaktion einer Zeitung und/oder des Vorstands einer Partei und/oder der Familie und/oder eines Vereins etc., um sich dem sozialen System einer alternativen politischen oder religiösen Gruppierung anzuschließen.

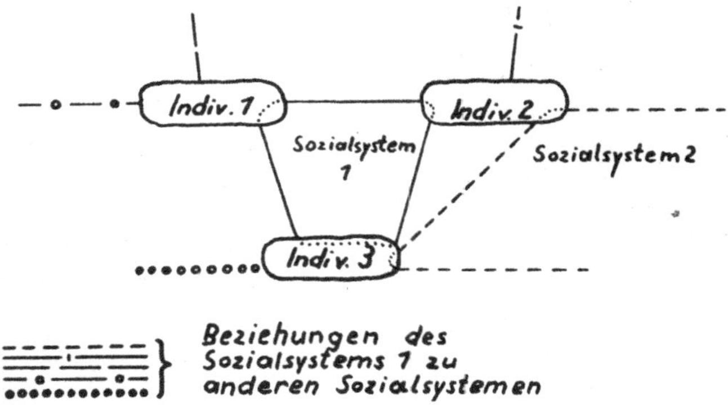

Abb. 2: Schema der Verknüpfung sozialer Systeme

Neben diesen Fällen des Ausscheidens von Mitgliedern aus sozialen Systemen, was diese natürlich verändert (wenn auch in unterschiedlichem Ausmaße in Abhängigkeit von der Größe des Systems, von der Anzahl der ausscheidenden Mitglieder und von der Bedeutung, die diese Mitglieder für das System hatten), sei noch kurz der Fall angesprochen, in dem es zu einer Veränderung eines sozialen Systems als Ergebnis einer »Koevolution« seiner Mitglieder kommt. Aufgrund dessen, was über den Konservatismus sozialer Systeme gesagt wurde, sollte deutlich sein, daß die Veränderung synreferentieller Systeme ohne Mitgliederverlust nur ein Prozeß der Koevolution der sie konstituierenden Individuen sein kann. Dabei ist zu unterscheiden zwischen koevolutiven Prozessen, die den Mitgliedern bewußt sind, und solchen, die nicht bewußt werden.

Aufgrund der relativen Ausdifferenzierung von Netzwerken sozialer Systeme wie Wirtschaft, Recht, Bildung, Politik usw. sind viele Individuen verhaltensstandardisierenden Interaktionsnotwendigkeiten ausgesetzt, die auch in spezifische soziale Systeme hineinwirken und koevolutive Prozesse fördern. Dabei kommt es dazu, daß Systemmitglieder aufgrund von Erfahrungen in anderen sozialen Systemen ihr Verhalten und ihre Wahrnehmungen in dem betreffenden System leicht ändern, ohne daß ihnen dies wegen der Parallelität dieser Verhaltensmodifikation bei einer größeren Anzahl von Mitgliedern bewußt werden muß. Dadurch kommt es zu einer Evolution des für das betreffende System typischen synreferentiellen Bereiches mit der Konsequenz, daß ein externer Beobachter Veränderungen feststellen kann, während viele Mitglieder eher der Meinung sind, daß sich nichts verändert habe. In vielen Fällen dürfte es ausreichen, daß eine größere Anzahl der Systemmitglieder sein Verhalten ändert, um Verhaltensänderungen bei allen Systemmitgliedern zu bewirken. Aufgrund der für soziale Systeme typischen Mechanismen wechselseitiger Kontrolle führt eine derartige Veränderung einer größeren Anzahl von Systemmitgliedern dazu, daß auch von den diese Verhaltensmodifikationen auslösenden systemexternen Einflüssen weniger betroffene Mitglieder zu Veränderungen gedrängt werden. Der Konservatismus sozialer Systeme erweist sich also von einer, freilich nur schwer anzugebenden, quantitativen Schwelle an selber als Faktor der Veränderung.

Eine wichtige Möglichkeit, dem Problem konfligierender Systemanforderungen zu begegnen, besteht darin, bewußt eine Änderung des Systems anzustreben, dessen synreferentieller Bereich (und die an ihn geknüpften Handlungsweisen) als besonders problematisch (oder als problematisch und veränderbar) wahrgenommen wird. Beispiele dafür sind ebenso die Gründung von »Arbeitskreisen« oder spezifischer Interessenvertretungen in Parteien wie die Drohung eines prominenten Mitgliedes, von einem Amt zurückzutreten, oder die glaubhafte Ankündigung der Mobilisierung von Unterstützung in anderen Systemen, die, entsprechend der Realitätsdefinition des betreffenden synreferentiellen Systems, als wichtige und systemrelevante Teile der Umwelt wahrgenommen werden.[15] An diesen Beispielen wird gleichzeitig deutlich, daß die Frage nach den unterschiedlichen Möglichkeiten, die Systemmitglieder haben, um die Realitätsdefinition des Systems zu beeinflussen, die Frage nach der Machtverteilung im System ist.[16]

Ein weiterer, sicherlich zu wenig berücksichtigter, Faktor sozialen Wandels dieser Art ist bewußter Konservatismus der Systemmitglieder. Jeder Versuch, durch die Evolution des Systems veränderte Systemzustände neu zu erzeugen, ignoriert den historischen Charakter des Funktionierens sowohl der selbstreferentiellen kognitiven Systeme der Systemmitglieder als auch des betreffenden synreferentiellen Systems. »Aktiver Konservatismus« dieser Art führt denn auch weniger zur Erhaltung von Systemzuständen als zu Veränderungen der »Richtung« der Systemevolution.

Der letzte anzusprechende Problemkreis ist der des Verständnisses von Gesellschaften. Hier lautet die zentrale Frage: Ist es (bezogen auf die gegebenen Definitionen) sinnvoll, Gesellschaften als soziale Systeme zu begreifen? Betrachtet man die operationale Geschlossenheit synreferentieller Systeme, d. h. ihre Fähigkeit, durch die Ausbildung einer gemeinsamen Realität und auf sie bezogener Verhaltensweisen für die Systemmitglieder zum System gehörende von anderen Interaktionen zu unterscheiden, also eine Systemgrenze zu konstituieren, als ein wichtiges Merkmal auch dieser Systeme, so wird eine differenzierende Antwort notwendig. Ob es sinnvoll ist, eine Gesellschaft als soziales System zu konstruieren, hängt nicht zuletzt von den Fähigkeiten des Konstrukteurs

15 So beeindruckt das drohende Stirnrunzeln der Gewerkschaftsfunktionäre die SPD-Mitglieder mehr als die Mitglieder anderer Parteien, während eine Stellungnahme der Bischöfe die FDP weniger als andere Parteien zu politischen Veränderungen veranlassen dürfte.

16 Vgl. unter diesem Aspekt die Ausführungen zum Übergang von primitiven Gesellschaften zu solchen mit Staat bei P. M. Hejl 1982, 316ff.

ab, die für eine solche Konstruktion notwendigen Komponenten und die zwischen ihnen anzusetzenden Prozesse festzulegen. Während es durchaus möglich zu sein scheint, primitive Gesellschaften als soziale Systeme zu modellieren, ist die Situation in großen, intern stark differenzierten und international verflochtenen Gesellschaften erheblich schwieriger. In diesem Fall dürfte es, wie oben bereits geschehen, vorteilhafter sein, *Gesellschaften als Netzwerke sozialer Systeme* zu verstehen.

Worin liegt nun der Vorteil des Netzwerkgedankens? Ein Vorteil ist sicher darin zu sehen, daß bei einer derartigen Betrachtungsweise das Problem der Grenzen von Gesellschaften nicht gestellt zu werden braucht. Hier reicht der Verweis auf die Weltgesellschaft als (räumlich gesprochen) größte Ausdehnung des Netzwerkes. Unterhalb dieser größten Ausdehnung interessieren uns in der Regel jedoch räumlich und thematisch enger eingrenzbare Prozesse. Wir können sie als in einer begrenzten Anzahl von (über die sie konstituierenden Individuen) interagierenden Systemen ablaufend denken. Dementsprechend ist es nicht notwendig festzulegen, wo »die« Grenze etwa des sozialen Netzwerkes der Gesellschaft der Bundesrepublik liegt. Für jede konkrete Untersuchung »genügt« die Angabe der jeweils relevanten Sozialsysteme, deren Entwicklung und Interaktionen. Eine Gesellschaft wie die der Bundesrepublik »hat« eine Vielzahl von Grenzen. Einige mögen mit älteren Vorstellungen zur Bestimmung der Grenze von Nationalstaaten zusammenfallen, andere, etwa im Bereich der Wirtschaft, konstituieren Grenzen nach systemeigenen Kriterien (was für andere natürlich auch gilt), die mit den nationalen Grenzen nichts mehr gemein haben. Ein weiterer Vorteil des Verständnisses von Gesellschaften als Netzwerken sozialer Systeme liegt darin, daß mit dem Abgehen von der Vorstellung, Gesellschaft sei ein soziales System, bereits auf konzeptueller Ebene nicht länger der Gedanke nahegelegt wird, Gesellschaften seien überindividuelle Akteure. Gesellschaft wird damit theoretisch als pluralistischer Prozeß der im Netzwerk sozialer Systeme verteilten *Erzeugungen* von Realitäten verstanden, auf die stets ebenfalls sozial verteilten *Anpassungen* an diese selbsterzeugten Realitäten folgen.

Für diesen Prozeß muß keine seine Entwicklung determinierende Ursache noch ein Endzustand angenommen werden, auf den er zustrebt. Wir erzeugen unsere Realitäten selber und sind damit letzlich selber für das dadurch bedingte Glück und Leiden verantwortlich. Eine unsere Erkenntnismöglichkeiten und die damit bei uns liegenden Chancen und Gefahren berücksichtigende Sozialtheorie darf nicht den Bezug auf Individuen verlieren. Wo dies geschieht, werden wir als Resultat höchst spezifischer sozialer Prozesse im Namen von Objektivität oder Modernität aus unserer Verantwortung für unser Handeln und Denken entlassen und der Chancen beraubt, uns eine nach unseren Kriterien bessere Realität zu konstruieren.

Literatur

ALTNER, Günter (Hrsg.), 1981: Der Darwinismus, Die Geschichte einer Theorie, Darmstadt: Wiss. Buchgesellschaft.

American Society for Cybernetics, 1983: Declaration of the American Society for Cybernetics, Verf. Typoskript.

AN DER HEIDEN, UWE/ROTH, Gerhard/SCHWEGLER, Helmut, 1984 a: »Principles of Self-Generation and Self-Maintenance«, Acta biotheoretica.

–, 1984 b: Principles of Self-Generating and Self-Maintaining Systems, Typoskript.

BEER, Stafford, 1982: »Vorwort« zu H. R. MATURANA/F. J. VARELA, »Autopoietische Systeme: eine Bestimmung der lebendigen Organisation«, abgedruckt in: H. R. MATURANA 1982, 170–179.

BENSELER, Frank/HEJL, Peter M./KÖCK, Wolfram K., 1980: Autopoiesis, Communication, and Society, The Theory of Autopoietic Systems in the Social Sciences, Frankfurt, New York: Campus.

BLACK, Donald (Hrsg.), 1984: Toward a General Theory of Social Control, 2 Bde. Orlando u. a.: Academic Press.

CROMBIE, Alistair C., 1970: Augustine to Galilei, Bd. 2: Science in the Later Middle Ages and in Early Modern Times, 13th to 17th Centuries, London: Heinemann.

FOERSTER, Heinz von, 1972: »Perception of the future and the future of perception«, Instructional Science, Jg. 1, 31–43.

–, 1984: »Principles of Self-Organization – In a Socio-Managerial Context«, in: H. ULRICH/G. J. B. PROBST (Hrsg.) 1984, 2–24.

DURKHEIM, Emile, 1983: Les règles de la méthode sociologique, Paris: PUF, 21. Aufl.

GLASERSFELD, Ernst von, 1984: Preliminaries to any theory of representation, Typoskript.

GÜNTHER, Gotthard, 1976: Beiträge zur Grundlegung einer operationsfähigen Dialektik, 2 Bde., Hamburg: Meiner.

HEJL, Peter M., 1982: Sozialwissenschaft als Theorie selbstreferentieller Systeme, Frankfurt a. M., New York: Campus.
–, 1984: »Towards a Theory of Social Systems: Self-Organization and Self-Maintenance, Self-Reference and Syn-Reference«, in: H. ULRICH/G. J. B. PROBST (Hrsg.) 1984, 60–78.
HOFSTADTER, Douglas R., 1982: Gödel, Escher, Bach: an Eternal Golden Braid, Harmondsworth: Penguin, 4. Aufl.
JONAS, Friedrich, 1976: Geschichte der Soziologie, 2 Bde., Reinbek: Rowohlt.
KÖCK, Wolfram K., 1980: »Autopoiesis and Communication«, in: F. BENSELER/P. M. HEJL/W. K. KÖCK (Hrsg.) 1980, 87–112.
–, 1981: »On Communication and the Stability of Social Systems«, in: G. ROTH/H. SCHWEGLER (Hrsg.) 1981, 145–169.
LUHMANN, Niklas 1968 a: »Die Knappheit der Zeit und die Vordringlichkeit des Befristeten«, Die Verwaltung, Jg. 1, 3–30.
–, 1968 b: »Status quo als Argument«, in: H. BAIER (Hrsg.) 1968, Studenten in Opposition, Gütersloh: Bertelsmann, 74–82.
–, 1981: Politische Theorie im Wohlfahrtsstaat, München, Wien: Olzog.
–, 1982: »Autopoiesis, Handlung und kommunikative Verständigung«, Zeitschrift für Soziologie, Jg. 11, 366–379.
–, 1984: »Die Wirtschaft der Gesellschaft als autopoietisches System«, Zeitschrift für Soziologie, Jg. 13, 308–327.
MATURANA, Humberto R., 1980: »Man and Society«, in: F. BENSELER/P. M. HEJL/W. K. KÖCK (Hrsg.) 1980, 11–31.
–, 1982: Erkennen: Die Organisation und Verkörperung von Wirklichkeit, Ausgewählte Arbeiten zur biologischen Epistemologie, Braunschweig, Wiesbaden: Vieweg.
MULKAY, Michael J., 1975: »Drei Modelle der Wissenschaftsentwicklung«, in: N. STEHR/R. KÖNIG (Hrsg.) 1975, Wissenschaftssoziologie, Studien und Materialien, Opladen: Westdeutscher Verlag, Sonderheft 18 der Kölner Zeitschrift für Soziologie und Sozialpsychologie.
ROTH, Gerhard, 1984: Erkenntnis und Realität: Das reale Gehirn und seine Wirklichkeit, Typoskript eines am 28. 5. 1984 in der ZWE »Philosophische Grundlagen der Wissenschaften«, Univ. Bremen, gehaltenen Vortrages.
ROTH, Gerhard/SCHWEGLER, Helmut, 1981: Self-organizing Systems, An Interdisciplinary Approach, Frankfurt a. M., New York: Campus.
UEXKÜLL, Jakob von/KRISZAT, Georg, 1970: Streifzüge durch die Umwelten von Tieren und Menschen, Bedeutungslehre, Frankfurt a. M.: Fischer, Nachdruck der Originalfassung von 1934 bzw. 1940.
ULRICH, H./PROBST, G. J. B. (Hrsg.), 1984: Self-Organization and Management of Social Systems, Insights, Promises, Doubts, and Questions, Berlin u. a.: Springer.
VARELA, Francisco J., 1979: Principles of Biological Autonomy, New York, Oxford: North Holland.
–, 1981: »Autonomy and Autopoiesis«, in G. ROTH/H. SCHWEGLER (Hrsg.) 1981, 14–23.

–, 1984: »Two Principles for Self-Organization«, in: H. ULRICH/G. J. B. PROBST (Hrsg.) 1984, 25–32.

WAKE, David B./ROTH, Gerhard/WAKE, Marvalee H., 1983: »In the Problem of Stasis in Organismal Evolution«, Journal of Theoretical Biology, 101, 211–224.

WEZLER, K., 1972: »Menschliches Leben in der Sicht des Physiologen«, in: H.-G. GADAMER/P. VOGLER (Hrsg.) 1972, Biologische Anthropologie, Stuttgart: dtv/Thieme, Bd. 2, 292–385.

Siegfried J. Schmidt

Vom Text zum Literatursystem Skizze einer konstruktivistischen (empirischen) Literaturwissenschaft*

1. Vorbemerkung

Wer als letzter in einer Vortragsreihe über »Die erfundene Wirklichkeit« (gut konstruktivistisch hätte das Thema »Erfundene Wirklichkeiten« lauten müssen) zu sprechen hat, der muß wohl annehmen, daß alles Wichtige – wie ich meine Vorredner kenne – bereits brillant gesagt worden ist, und der kann nur hoffen, daß allein über Literaturwissenschaft noch nicht gesprochen worden ist.

Gehe ich von dieser Konstruktion unserer heutigen Vortragssituation aus, dann legt es sich für mich nahe, auf die konstruktivistischen Erkenntnistheorien nur dort kurz zu verweisen, wo von ihnen direkt Gebrauch gemacht wird für den Entwurf einer empirischen Literaturwissenschaft auf konstruktivistischer Grundlage.

Was ich Ihnen über eine empirische Literaturwissenschaft sagen kann, das betrifft aus Zeitgründen weder die Einzelheiten des Aufbaus der empirischen Theorie der Literatur noch die Forschungsprojekte, die wir bisher zur Überprüfung dieser Theorie unternommen haben. Ich werde vielmehr versuchen, Ihnen die Grundlagen, die Ziele, Wertvorstellungen und Engagements des Typs von empirischer Literaturwissenschaft zu erläutern, den ich in den letzten zehn Jahren zusammen mit Mitgliedern meiner Forschungsgruppe NIKOL in Bielefeld und Siegen entwickelt habe. (Alle Details finden Interessenten in der Buchreihe Konzeption

---

* Wegen der Vieldeutigkeit des Begriffs »empirisch« sei hier nur angemerkt, daß er hier nicht in einer positivistischen, sondern in einer strikt konstruktivistischen Weise verstanden wird.

Empirische Literaturwissenschaft, die seit 1980 im Vieweg-Verlag erscheint, in der Zeitschrift Spiel sowie in Veröffentlichungen des Siegener Instituts LUMIS.)

2. Dogmenverluste – »Realitätsgewinne«?

Die deutsche Wissenschaftstradition ist seit dem späten 19. Jahrhundert geprägt vom Dogma einer prinzipiellen Differenz zwischen Naturwissenschaft und Geisteswissenschaft.[1] In einer erkenntnistheoretischen und wissenschaftstheoretischen Substanz war dieses Dogma von Anfang an problematisch, und Philosophen wie Wolfgang Stegmüller haben ihm schon vor langer Zeit argumentativ die Basis entzogen.[2] Aber Tatsache ist, daß dieses Dogma vor allem den Geisteswissenschaftlern für eine lange Zeit eine Revierabgrenzung gesichert hat, die eine ideologische Eigenentwicklung dieser Wissenschaften förderte und darüber hinaus Reibungsverluste interdisziplinärer Kontakte vermindert hat, ja daß es schließlich zu der These von der Existenz zweier Kulturen geführt hat.[3] Interdisziplinäre Bemühungen um eine Überwindung des Grabens zwischen Natur- und Geisteswissenschaften in den 60er und 70er Jahren haben keine großen Erfolge gehabt; aber sie haben allen daran Beteiligten zumindest verdeutlicht, wieviel Unkenntnis, wieviel Vorurteile und auch wieviel Selbstüberheblichkeit sich in beiden Lagern im Schutze dieser Doktrin entwikkelt hatte. Im Rahmen systemtheoretischer und konstruktivistischer Denkmodelle ist deutlich zu erkennen, daß auch dieses Dogma in den Fundus der dualistischen Schemata des positivistischen Denkens gehört, der eine lange Inventarliste grundsätzlicher Alternativen bereithält: Wirklichkeit vs. Fiktion, Subjekt vs. Objekt, Individuum vs. Gesellschaft, gesund vs. krank usf.

---

1 Cf. S. J. Schmidt, 1975. Zum Dogma der prinzipiellen Differenz zwischen Natur- und Geisteswissenschaft. Göttingen: Vandenhoeck & Ruprecht.

2 Cf. W. Stegmüller, 1974. »Der sogenannte Zirkel des Verstehens« in: K. Hübner & A. Menne, Hrsg., Natur und Geschichte. Hamburg: Meiner, 21–46.

3 Cf. C. P. Snow. The two cultures and the scientific revolution (Vortrag 1959).

Zwar nehmen die meisten Geisteswissenschaftler – nicht selten mit einer kaum verständlichen Häme – zur Kenntnis, daß das cartesianisch-newtonische Weltbild samt seiner positivistischen Wissenschaftsphilosophie unter den Argumenten analytischer, systemtheoretischer, konstruktivistischer und holistischer Philosophen und Wissenschaftler zusammengebrochen ist. Aber viele ziehen – immer noch im Banne des liebgewordenen Revierdenkens – daraus einen falschen Schluß: Sie konstatieren einen Bankrott der Naturwissenschaften und sehen weder, daß es sich bei dieser Umbruchsituation um eine höchst fruchtbare Transformation handelt; noch nehmen sie diesen Entwicklungsprozeß des Denkens zum Anlaß, ihr eigenes positivistisches Erbe zu revidieren. Statt dessen breitet sich – speziell in der Literaturwissenschaft – seit Jahren ein massiver neuer Irrationalismus[4] aus, der unter dem Namen Dekonstruktionismus ein Konglomerat von Nietzsche, Freud, Heidegger, Gadamer, Lacan und Derrida angemischt hat, das Literaturwissenschaft in Literatur überführen soll. Mit diesem neuen Irrationalismusschub findet sich der Dekonstruktionismus in bester Gesellschaft: »Postmoderne«, »Posthistoire« und »Transavantgarde« lauten seit Jahren die griffigen Formen für einen Zeitgeist, den F. Raddatz in der »Zeit« bissig als Rückweg vom homo sapiens zum homo pictor gekennzeichnet hat. Mythos heißt der neue Wert; Bilder ersetzen Begriffe, der Rückzug aus Wirklichkeit und Geschichte hat begonnen; Wunschmaschinen und Masturbationsfiguren kennzeichnen den neuen Mainstream in Malerei und Literatur, Film und Theater, Musik und Architektur, dem sich die Szene ergriffen hingibt.

Nun haben diese Post- und Trans-Tendenzen insofern sogar recht, als sie rationalistische Einseitigkeiten im alten wissenschaftlich geprägten Weltbild anprangern; aber sie bleiben mit ihrer Entweder-oder-Haltung genau der zentralen reduktionistischen Denkfigur des attackierten Weltbildes verhaftet und schalten in ihrer kulturellen Praxis nur vom Kopf auf den Bauch um.

---

4 So bemerkt etwa O. Wiener, daß Vision, Utopie oder Symbolik »... größtenteils bereits Sektor der im Selbsterhaltungskampf sich auf die Phantastik ausbreitenden ›Geisteswissenschaften‹« geworden sei (in: Katalog der Ausstellung »von hier aus«. Köln: Dumont 1974: 229).

Ich halte diesen Ausweg aus der Krise für wissenschaftlich, gesellschaftlich und politisch gefährlich und für illusorisch. Wir brauchen nicht weniger Wissenschaft, sondern bessere, nicht weniger Rationalität, sondern elaboriertere, nicht wolkigen Mythos, sondern endlich einmal eine nichthalbierte Aufklärung.

Für den Forschungsbereich Literaturwissenschaft ziehe ich aus dieser Grundsatzposition die Folgerung: Wir brauchen eine Konzeption von empirischer Literaturwissenschaft, die einen nicht-positivistischen Empiriebegriff vertritt; die von der Verdinglichung des literarischen Textes zum prozessualen Literatursystem übergeht und die sich von nicht-szientistischen Vorstellungen wissenschaftlichen Handelns leiten läßt: Die also, mit einem Wort, komplexer und variabler zu denken versucht als andere Varianten von Literaturwissenschaft und dabei sinnvolle Standards rationaler Argumentation akzeptiert.

Die theoretischen Grundlagen eines solchen Versuches lassen sich nach meiner Erfahrung vor allem bei systemorientierten konstruktivistischen Philosophen und Wissenschaftlern finden. Dabei haben für mich – neben meinen Vorrednern in dieser Vortragsreihe – vor allem H. R. Maturana, E. Jantsch, F. Varela, R. Riedl und A. Koestler eine große Rolle gespielt. Welche konstruktivistischen Überlegungen für die Entwicklung unserer Konzeption von empirischer Literaturwissenschaft wichtig geworden sind, will ich im folgenden kurz schildern, und zwar aus zweierlei Gründen: (1) um Ihnen den Zusammenhang zwischen den philosophischen Überzeugungen und dem Theorieaufbau der empirischen Literaturwissenschaft verständlich zu machen und (2) weil ich davon überzeugt bin, daß nur eine Literaturwissenschaft, die ihre erkenntnistheoretischen, wissenschaftstheoretischen, sprach- und literaturtheoretischen Grundannahmen *explizit* macht, als eine empirische Wissenschaft konzipiert und kritisiert werden kann.

3. *Konstruktivistische Grundlagen einer Empirischen Literaturwissenschaft*

3.1 Erkenntnistheoretische Grundlagen

Die erkenntnistheoretische Basis der NIKOL-Konzeption einer empirischen Literaturwissenschaft (im folgenden kurz »die Empirische Literaturwissenschaft« genannt, da ich auf eine vergleichende Behandlung anderer Entwürfe verzichten muß) orientiert sich an der Theorie autopoietischer Systeme von H. R. Maturana.[5] Die für mich wichtigsten Annahmen dieser Theorie lauten: Autopoietische Systeme sind selbsterzeugend, autonom, strukturdeterminiert, selbstreferentiell und operational geschlossen. Sie stehen in ständigem Austausch mit ihrer Umgebung und mit anderen lebenden Systemen. Lebende Systeme mit komplexen Nervensystemen können sich selbst, andere Systeme und ihre Umwelt beobachten. Sie entwickeln durch Selbstbeobachtung Selbstbewußtsein. Erkenntnistheoretisch muß daher genau unterschieden werden zwischen System und Beobachter, zwischen Systemkategorien und Beobachterkategorien. Der kognitive Bereich eines autopoietischen Systems ist der Bereich aller Beschreibungen bzw. Repräsentationen, die das System anfertigen kann. Die spezifische Art der Autopoiese des Systems bestimmt dessen Kognition. Kognition ist demnach ein prinzipiell subjektabhängiges Phänomen, da alle kognitiven Zustände des Erkennenden durch die Art und Weise der Verwirklichung seiner Autopoiese determiniert sind und nicht etwa durch die Bedingungen seiner Umwelt. Wahrnehmung und Erkennen bilden demgemäß nicht eine objektive Wirklichkeit ab, sondern sie errechnen bzw. konstruieren etwas, das wir erkennend als Wirklichkeit akzeptieren und dem entsprechend wir uns verhalten und handeln. Kognition ist also gleichzusetzen mit dem gesamten Lebensprozeß, nicht mit der kategorialen Strukturierung oder Erfassung einer objektiven Außenwelt.

Menschen als lebende Systeme können aufgrund ihrer Nerven-

---

5 Ich beziehe mich hier auf Maturana, 1982. »Erkennen: Die Organisation und Verkörperung von Wirklichkeit«. Braunschweig – Wiesbaden: Vieweg.

systeme nicht nur mit äußeren, sondern auch mit ihren eigenen inneren Zuständen so interagieren, als ob diese von ihnen unabhängige Gegenstände wären. Damit erzeugen sie das scheinbare Paradox, ihren kognitiven Bereich *in* ihrem kognitiven Bereich zu enthalten.

Jede Interaktion des Systems ist durch seine Organisation determiniert. Der Prozeß der Kognition besteht für ein lebendes System darin, ».. . durch sein tatsächliches Verhalten in seinem geschlossenen Interaktionsbereich ein Verhaltensfeld zu erzeugen, und nicht darin, eine selbständige Außenwelt zu beschreiben« (Maturana 1982, S. 73). Realität ist also ein Bereich von Beschreibungen/Repräsentationen, kein Ensemble objektiver Gegenstände. Jede Beschreibung schließt aber notwendig einen Beobachter ein: Erst für ihn wird etwas, das er beschreiben kann, zu einem Gegenstand, den er von anderen unterscheiden kann. Der Beobachter ist die letztmögliche Bezugsgröße für jede Beschreibung. Die Logik dieser Beschreibungen aber ist isomorph der Logik des Operierens des beschreibenden Systems.

Der Mensch kann nur erkennen, was er selber gemacht hat. Darum ist die Welt und muß die Welt, die der Mensch erlebt, so sein, wie sie ist, *weil* der Mensch sie *so* gemacht hat.

Mit diesem erkenntnistheoretischen Ansatz unverträglich sind gewisse traditionelle philosophische Fragen nach der Objektivität unserer Erkenntnis, nach Letztbegründung, absoluter Wahrheit und absoluten Werten. Wenn Erkenntnis ein Spiegel der Ontogenese des Erkennenden ist, dann treten die erkennenden Subjekte, ihre Kognitionsprozesse und die diese bestimmenden biologischen und sozialen Bedingungen, dann treten Bedürfnisse, Interessen und Motive ihrer sozialen Gruppen und Gesellschaften in den Vordergrund philosophischer Analyse. Subjektabhängigkeit der Wirklichkeitsmodelle darf nicht mit solipsistischer Subjektivität verwechselt werden.

Die Vergleichbarkeit der Wirklichkeitsmodelle verschiedener Subjekte und damit soziale Handlungsfähigkeit wird vielmehr durch zwei Bedingungen gewährleistet: Wirklichkeitskonstruktion macht Gebrauch von den Erfahrungen der biologischen Selektion; und sie wird reguliert von der sozialen Kontrolle von Problemlösungsstrategien durch Bewährung und Konsens, also von der Summe historisch gewachsener gesellschaftlicher Erfahrungen. Sozialisationsprozesse und Konventionen sorgen also für die Durchsetzung gesellschaftlich normierter Weltmodelle, deren Struktur deutlich gesellschaftliche Interessen und Machtansprüche widerspiegeln. Die konsensuellen Prinzipien der Wirklichkeitskonstruktion werden dabei hauptsächlich durch Sprache auf der Grundlage von Interaktion und Koordination durchgesetzt.

Auch wissenschaftliche Erkenntnis ist notwendig subjektdependent. Ihre Objektivität und Intersubjektivität beruht nicht etwa auf ihrer Realitätsadäquanz, sondern ist das Produkt der kulturellen Einheitlichkeit der Wissenschaftler, die sich auf bestimmte Kategorien zur Beurteilung der als wissenschaftlich geltenden Konstrukte geeinigt haben und andere in diesem Sinne sozialisieren.

3.2 Sprach- und bedeutungstheoretische Grundlagen

Diese erkenntnistheoretische Konzeption hat wichtige Konsequenzen für die sprach- und bedeutungstheoretischen Annahmen, die die Empirische Literaturwissenschaft vertritt. Auch hier will ich die Grundgedanken kurz zusammenfassen.

Wie erwähnt sind lebende Systeme interagierende Systeme, die durch Koppelung von Strukturen konsensuelle Interaktionsbereiche aufbauen, sofern sie durch vergleichbare biologische Ausstattung und vergleichbare Sozialisation interaktionsfähig sind. Solche konsensuellen Interaktionen gehen jeder Kommunikation voraus und bilden die Basis sprachlichen Verhaltens. Sie funktionieren als Orientierungen im jeweiligen kognitiven Bereich der Interaktanten. Wenn die interagierenden Systeme durch Rekursivität von Beschreibungen mit ihren eigenen inneren Zuständen interagieren können, als handele es sich um unabhängige Größen, wenn sie also ihren kognitiven Bereich in den Bereich reiner Relationen ausdehnen, dann wird auch nicht-physikalische Interaktion zwischen Systemen möglich. Das heißt, Systeme orientieren einander auf Interaktionen innerhalb ihrer jeweiligen kognitiven Bereiche hin. Diese Interaktion aber setzt Sprache voraus. Daraus zieht Maturana den folgenden wichtigen Schluß: »Die basale

Funktion der Sprache als eines Systems des Orientierungsverhaltens besteht nicht in der Übermittlung von Information oder in der Beschreibung einer unabhängigen Außenwelt, über die wir sprechen können, sondern in der Erzeugung eines konsensuellen Verhaltensbereiches zwischen sprachlich interagierenden Systemen im Zuge der Entwicklung eines kooperativen Interaktionsbereichs.« (1982, S. 73)

Der Bereich sprachlicher Äußerungen ist ein geschlossener Bereich, aus dem man nicht durch sprachliche Äußerungen hinaustreten kann.

Damit werden die sprachtheoretisch wichtigen Begriffe »Referenz« und »Denotation« neu bestimmt: »Denotation« ist ausschließlich eine Beobachterkategorie; die denotative Funktion einer Botschaft liegt allein im kognitiven Bereich des Beobachters; für das sprechende System funktioniert Sprache lediglich konnotativ. »Referenz« benennt nicht den Bezug auf sensorisch erfahrene konkrete Gegenstände in der Realität, sondern einen bestimmten sprachlich ansozialisierten und konventionellen Typ von Orientierungsverhalten, der dazu dient, einen vergleichbaren und relativ parallelen Aufbau von Information innerhalb des kognitiven Bereichs kommunizierender Systeme zu gewährleisten.

Aus diesen Annahmen folgt zum einen, daß Bedeutung eine kontextuelle Relation ist, die theoretisch als mehrstelliger Begriff konzipiert werden muß relativ zu Kommunikationsteilnehmern, Kommunikationssituationen und Zeitpunkten; daraus folgt zum anderen, daß Kommunikationsmittel nicht Bedeutung *besitzen*, sondern daß Kommunikationsteilnehmer konsensuell vereinbarten Kommunikationsmitteln in ihrem kognitiven Bereich Bedeutungen *zuordnen*. Folglich muß man strikt unterscheiden zwischen dem Kommunikationsmittel – etwa einem sprachlichen Text – und den kognitiven Konstrukten, die ein System diesem Kommunikationsmittel zuordnet. Solche kognitiven Konstrukte, die stets emotional besetzt sind und hinsichtlich ihrer lebenspraktischen Relevanz eingeschätzt werden, nenne ich im folgenden Kommunikate. Was als Kommunikationsmittel in einer sozialen Gruppe oder einer Gesellschaft akzeptiert ist und wie Kommunikationsmittel aufgebaut und benutzt werden: das wird dem Kind in einem langen Sozialisationsprozeß eingebleut. Dort lernt es auch, wie

Kommunikationsmittel die Funktion erfüllen können, innerhalb des kognitiven Bereichs zu orientieren. Gelingt eine solche Orientierung, dann wird ein subjektabhängiges Kommunikat zugeordnet, wobei die jeweils aktuelle Lebenssituation insgesamt als Kontext fungiert. Da weder die kommunizierenden Subjekte noch ihre Lebenssituationen je identisch sind und da sie per konventionellem Kommunikationsmittel nicht »fixe Informationsquanten« transportieren, sondern aufgrund der Kommunikationsmittel erst Informationen in ihrem kognitiven Bereich *erzeugen* müssen, kann man nicht davon ausgehen, daß etwa einem sprachlichen Text von zwei Rezipienten dasselbe Kommunikat zugeordnet werden kann. Konsens in der sprachlichen Kommunikation kann also nicht durch Rekurs der Kommunikationspartner auf identische Gegenstände in der Realität oder auf feste Bedeutungseinheiten im Text erklärt werden, sondern nur durch Rekurs auf *Konventionen*, die als Konstruktionsregeln für die Bildung von Kommunikaten sozialisationsgeschichtlich internalisiert werden. Diese Konventionalisierung erstreckt sich nach allen Erfahrungen aber nur auf lexikalische und syntaktische Stereotypen für rekurrente Sprachverwendungen in Normalsituationen. Sobald Sprachverwendungen individuell variieren (wie in literarischen Werken) oder Kommunikationssituationen spezielle Merkmale enthalten (wie z. B. emotionale Belastungen im Examen, im Verhör, beim Ehestreit usw.), treten gehäuft sogenannte Verständnis- oder Kommunikationsprobleme auf, weil Konventionen versagen oder dafür gar nicht entwickelt worden sind.

Das Verstehen sprachlicher Texte wird heute in der Sprachpsychologie weithin übereinstimmend als konstruktiver Prozeß gesehen (cf. N. Groeben, T. A. van Dijk, R. A. de Beaugrande et al.),[6] der intentional und holistisch abläuft, d. h. im Prozeß der Informationskonstruktion nach den Möglichkeiten und Fähigkeiten des Aktanten die verschiedensten kognitiven Prozesse und epistemischen Teilsysteme integriert. »Mit Sprache interagieren wir

---

6 N. Groeben, 1982. Leserpsychologie: Textverständnis – Textverständlichkeit. Münster: Aschendorff. – T. A. van Dijk, 1980. Textwissenschaft. München: dtv. – R. de Beaugrande und W. U. Dressler, 1981. Einführung in die Textlinguistik. Tübingen: Niemeyer.

in einem Bereich von *Beschreibungen*, in denen wir notwendigerweise auch dann verbleiben, wenn wir über die Welt oder über unser Wissen darüber Behauptungen aufstellen. Dieser Bereich ist begrenzt und unendlich zugleich; begrenzt, weil alles, was wir sagen, eine *Beschreibung* ist, und unendlich, weil jede Beschreibung in uns selbst die Basis für neue Orientierungsinteraktionen und folglich neue *Beschreibungen* konstituiert.« (Maturana 1982, S. 73f.)

3.3 Wissenschaftstheoretische Grundlagen

Um eine wissenschaftstheoretische Position zu erhalten, die mit der konstruktivistischen erkenntnistheoretischen Basis vereinbar ist, habe ich mich orientiert am non-statement-view oder der Begriffskonzeption von Theorien, wie sie J. D. Sneed und W. Stegmüller in den 70er Jahren entwickelt haben, sowie an P. Finkes Ausarbeitung dieser Konzeptionen zu einem konstruktiven Funktionalismus[7] (im Rahmen der Arbeit der NIKOL-Gruppe).

Wissenschaft treiben verstehe ich als eine besondere Form sozialen Handelns nach bestimmten Regeln mit dem Ziel, Strategien zur Lösung von Problemen zu entwerfen. Solche Problemlösungsstrategien sind explizite Konstruktionen, die ein Wissenschaftler bzw. eine Wissenschaftlergruppe entwickeln, um nach ihren Kriterien Erklärungsdefizite zu beheben, die in der Gruppe als Bedarf vorliegen. Solche Lösungsstrategien nenne ich Theorien. Wissenschaftliche Theorien lassen sich – nach Sneed und Stegmüller – mengentheoretisch beschreiben als Begriffs-Strukturen (und nicht als Satzsysteme), die mit einer Klasse intendierter Anwendungen verbunden sind. Alle in wissenschaftlichen Theorien verwendeten Sprachen sind Theoriesprachen, die auf hierarchisch unterschiedlichen Ebenen liegen.

Mit diesem Konzept entfallen (die Grundlagen für) wichtige

7 P. Finke, 1982. Konstruktiver Funktionalismus. Braunschweig – Wiesbaden: Vieweg (Konzeption Empirische Literaturwissenschaft, Bd. II). – J. D. Sneed, 1971. The logical structure of mathematical physics. Dordrecht: Reidel. – W. Stegmüller, 1973. Theorie und Erfahrung. Teil II: Theorienstrukturen und Theoriendynamik. Berlin usw.: Springer.

philosophische Probleme des Empirismus und Positivismus in älteren analytischen Wissenschaftstheorien: so der Gegensatz zwischen Beobachtungssprache und Theoriesprache sowie der Gegensatz zwischen Empirie und Theorie; denn Sneed macht deutlich, daß erst und nur Theorien im Rahmen von Paradigmata Zugang zu so etwas wie Empirie eröffnen, indem sie Modelle für Realität konstruieren. Solche Modelle können daher nicht an »der Realität« überprüft werden, sondern nur mit anderen Modellen konfrontiert werden. Darum ist der empirische Gehalt einer Theorie das, was von den Gegenständen der Theorie gesagt werden kann, ohne dabei die für diese Theorie entwickelte Sprache zu benutzen. Die Frage, welche Kriterien und Werte für wissenschaftliches Handeln man akzeptiert, kann nicht abgetrennt werden von der Frage, welche Werte man auch in anderen sozialen Handlungssystemen (Kunst, Politik, Ökonomie usw.) handelnd verfolgt bzw. anstrebt. Erst aus diesen gesellschaftspolitischen Zielvorgaben lassen sich Kriterien für wissenschaftliches Handeln ableiten. Die Zielvorgaben einer empirischen Literaturwissenschaft lassen sich folgendermaßen kennzeichnen: Angestrebt wird Aufklärung im Sinne der Fähigkeit von Kritik und Selbstkritik, Selbstverantwortlichkeit und Rationalität; Solidarität als Reduktion der Herrschaft von Menschen über Menschen, als Reduktion von Wissens- und Wahrheitsterrorismus; Kooperativität als konfliktreduzierendes Interagieren und gemeinsames Problemlösen. Aus solchen Zielvorgaben folgt für wissenschaftliches Handeln, daß dazu in seinem Handlungsbereich beitragen will, daß es explizit sein muß, systematisches Erfahrungmachen erlauben muß und intersubjektiv vermittelbar und überprüfbar sein muß. Außerdem muß es Anwendungsrelevanz für soziale und individuelle Bedürfnisse besitzen. Auf einen kurzen Nenner gebracht heißt das: Wissenschaftliches Handeln – mit Ausnahme reiner Strukturwissenschaften wie etwa Logik und Mathematik – muß Problemlösungsstrategien mit expliziten logischen Strukturen im Rahmen eines Wissenschaftsparadigmas entwerfen, deren Lösungsverfahren empirisch interpretierbar sein und zu anwendbarem Wissen führen müssen. Die Empirizität eines Lösungsverfahrens bestimmt sich nach dem Typ von Wirklichkeitsmodell, der in einer Wissenschaftlergruppe als gültig akzeptiert wird.

Damit ist in sehr groben Zügen ein Modell wissenschaftlichen Handelns skizziert, das m. E. weder als empiristisch noch als szientistisch bezeichnet werden kann, aber das Ziel der systematischen Problemlösung nach wissenschaftlichen Kriterien nicht aufgibt.

3.4 Literaturtheoretische Grundlagen

Mit dieser kurzen Präsentation der theoretischen Grundlagen stehen jetzt die wichtigsten Gesichtspunkte für die Konzeption einer empirischen Theorie der Literatur zur Verfügung.

Eine zentrale Entscheidung betrifft den Literaturbegriff, der in der Empirischen Theorie der Literatur nicht wie in anderen Literaturtheorien über Texte aufgespannt wird, sondern über Text-Handlungs-Syndrome. Als kleinste Einheiten werden also solche Handlungen (samt ihren Bedingungen, Folgen und Konsequenzen) angesetzt, die solche Phänomene (meist Texte) fokussieren, die der Handelnde für literarisch hält. Solche Handlungen nenne ich im folgenden literarische Handlungen. Grundsätzlich geht die Empirische Theorie der Literatur aus von vier elementaren Handlungstypen: der Produktion, Vermittlung, Rezeption und Verarbeitung literarischer Texte. Kopplungen literarischer Handlungen führen zu Literaturprozessen. Die Gesamtheit der Literaturprozesse in einer Gesellschaft bezeichne ich als Literatursystem. Ein Literatursystem ist hierarchisch und holistisch organisiert; das heißt, alle seine Bestandteile sind zugleich autonom und selbstregulierend *und* funktional integriert in das Gesamtsystem. Keines kann ohne Bezug auf das Gesamtsystem definiert oder verstanden werden.

Das Literatursystem seinerseits ist Bestandteil im System-System Gesellschaft, die ihrerseits eine hierarchisch-holistische Organisation bildet; das heißt das Literatursystem kann nur in systematischem Zusammenhang mit den anderen Handlungssystemen einer Gesellschaft und deren jeweiligem historischen Entwicklungsstand verstanden und erklärt werden. Die eine Gesellschaft bildenden Handlungssysteme sind zugleich selbstregulativ und autonom, und sie sind funktional für das Gesamtsystem. Sie entfalten sich co-evolutiv. Eine Wissenschaft, die solche Systeme beschreiben und erklären will, hat sich an den Verfahren der Sozialwissenschaften auszurichten.

Literatursysteme in modernen Gesellschaften können – so lautet etwa N. Luhmanns These – als autopoietische Systeme beschrieben werden (1984).[8] Sie grenzen sich von anderen Handlungssystemen ab durch Konventionen, die nur im Literatursystem gelten, und erfüllen spezifische Funktionen, die als potentiell gleichzeitige und integrale Wertrealisierungen auf drei Ebenen angesetzt werden können: kognitiv als Entwurf alternativer Wirklichkeitsmodelle, alternativer Erlebnis- und Erfahrungsmöglichkeiten; normativ als öffentliche Thematisierung individueller Normkonflikte; und emotional als Befriedigung hedonistischer Bedürfnisse.

4. Konsequenzen für eine Empirische Literaturwissenschaft auf konstruktivistischer Grundlage

4.1 Die erste und grundsätzlichste Konsequenz betrifft den Wissenschaftsstatus und das Selbstverständnis der Empirischen Literaturwissenschaft: Sie beschreibt und erklärt literarische Handlungen und Literaturprozesse in Literatursystemen in synchroner und diachroner Hinsicht mit dem Ziel, anwendbares Wissen für Wissens- und Entscheidungsprozesse innerhalb und außerhalb des Literatursystems unserer Gesellschaft zu erarbeiten. Sie versucht, dieses Wissen in wissenschaftlicher Weise, also durch explizite, theoriegeleitete Problemlösungsstrategien zu gewinnen, empirisch zu interpretieren und in einer expliziten Fachsprache zu formulieren, ohne sich mit einem Wissenschaftstyp alten Stils zu identifizieren. Insofern ist (auch) die Empirische Literaturwissenschaft postmodern in einem strengen Sinne.

4.2 Die zweite Konsequenz läßt sich als systemorientierte neue Konzeption des Gegenstands- bzw. *Problembereichs* einer Litera-

8 Cf. N. Luhmann, 1984. »Das Kunstwerk und die Selbstreproduktion der Kunst« in: Delfin III, August 1984, 51–69.

turwissenschaft formulieren. Die Einsicht in die Subjektabhängigkeit jeder Erkenntnis führt dazu, nicht isolierte Texte zum literaturwissenschaftlichen Thema zu machen, sondern die Prozesse, die an und mit Texten in einer Gesellschaft stattfinden, m. a. W. Text-Handlungs-Syndrome im Literatursystem im Kontext der anderen Handlungssysteme einer Gesellschaft.

4.3 Alle textbezogene Arbeit muß Konsequenzen ziehen aus der in der Empirischen Literaturwissenschaft zugrunde gelegten konstruktivistischen Sprach- und Bedeutungstheorie, wobei vor allem die elementare Unterscheidung zwischen Text und Kommunikat wichtig ist. Diese Unterscheidung führt zu einer Verschärfung hermeneutischer Fragestellungen insofern, als nicht mehr ein ontologisch real gesetzter Text den objektiven Bezugspunkt, das letzte Datum bildet, sondern als genau unterschieden werden muß zwischen Text und Kommunikat in den genannten vier Handlungsrollen. Semantische Analysen treffen also nirgendwo auf ein objektives Datum, bestenfalls auf Regulatorien vom Verbindlichkeitsgrad von Konventionen.

4.4 Die konstruktivistische Position hat natürlich direkte Auswirkungen auf das bisherige Zentralthema der Literaturwissenschaft: auf die *Werkinterpretation*. Sowohl die Unterscheidung zwischen Text und Kommunikat als auch die Annahme einer strikten Subjektdependenz von Bedeutungen macht eine Vorstellung von Interpretation als Ermittlung der »richtigen« Bedeutung eines literarischen Textes oder als Ermittlung der Autorintention unsinnig: »richtige« Bedeutungen könnte man nur ermitteln, wenn es einen objektiven Maßstab gäbe, der außerhalb subjektiver Kognitionsbereiche läge; und Autorintentionen sind unzugänglich, da Autorkommunikat und Autortext nicht einfach identifiziert werden müssen.

Damit scheidet die Interpretation – im oben angegebenen Sinne – als wissenschaftlich machbare Operation aus dem Aufgabenkatalog der Empirischen Literaturwissenschaft aus, während Textanalyse, Editions- und Überlieferungsgeschichte, Erzähl- und Stilanalysen u. ä. durchaus ihren Platz behalten. Daneben interessiert sich die Empirische Literaturwissenschaft auch durchaus für die kognitiven Prozesse, die beim Produzieren, Rezipieren und Verarbeiten von literarischen Texten ablaufen. Statt der Fixierung auf Interpretation öffnet sich der Empirischen Literaturwissenschaft ein weites Feld neuer Fragen: nach literarischem Verstehen und seinen Bedingungen; nach Persönlichkeitsprofilen verschiedener Typen von Literaturproduzenten; nach dem Literaturbegriff in Deutschland (Ost und West), seiner Entstehung und Tradierung; nach Voraussetzungssystemen exemplarisch ausgewählter Autoren usw.[9] Diese Entwicklung hat auch Auswirkungen auf den interpretationsfixierten Literaturunterricht, der langfristig im Sinne der Entwicklung der Empirischen Literaturwissenschaft umgestellt werden müßte, um der Abtötung des Literaturinteresses in den gegenwärtigen Gesinnungsinterpretationen endlich entgegenwirken zu können.

4.5 Ein weiteres Licht auf das Interpretationsproblem fällt von der strikten Unterscheidung der Empirischen Literaturwissenschaft zwischen *Teilnahme* am Literatursystem und *Analyse* des Literatursystems. Diese Trennung ermöglicht eine deutliche Scheidung zwischen wissenschaftlichen und nicht-wissenschaftlichen Handlungen im Bezug auf das Literatursystem; sie verlangt andererseits bei jedem Handlungstyp eine Reflexion darauf, ob er wissenschaftlich oder nicht-wissenschaftlich machbar und vor allem auch sinnvoll ist.

Unter die nicht wissenschaftlich machbaren, aber gleichwohl höchst sinnvollen und notwendigen Teilnahmehandlungen am Literatursystem zählt die Empirische Literaturwissenschaft die expertenhaften Deutungen, Wertungen und Erläuterungen zu literarischen Fragen, die im angelsächsischen Raum als literary criticism gehandelt werden und die dazu dienen, literarische Kommunikation in einer Gesellschaft über eine möglichst große Breite histori-

---

9 D. HINTZENBERG, S. J. SCHMIDT und R. ZOBEL, 1980. Zum Literaturbegriff in der Bundesrepublik Deutschland. Braunschweig – Wiesbaden: Vieweg (Konzeption Empirische Literaturwissenschaft, Bd. III/IV). – S. J. SCHMIDT und R. ZOBEL, 1983. Empirische Untersuchungen zu Persönlichkeitsvariablen von Literaturproduzenten. a.a.O.: Bd. V. – G. RUSCH und S. J. SCHMIDT, 1983. Das Voraussetzungssystem G. Trakls. a.a.O.: Bd. VI.

scher bis aktueller Texte aufrechtzuerhalten. Literaturkritik verlangt Engagement und Risiko der literaturkritischen Experten und lebt von ihrer exponierten Subjektivität und nicht von Wissenschaftlichkeit. Vom kulturellen Verständnis literaturkritischer Interpretationsdiskurse her stellt sich in der Empirischen Literaturwissenschaft die Frage, ob eine wissenschaftliche interpretatorische Ermittlung der richtigen Bedeutung eines literarischen Werkes – gesetz den Fall, es gäbe sie – überhaupt wünschenswert wäre für die Entwicklung des Literatursystems, da sie die Kommunikation über literarische Kommunikate abschneiden und sich selbst an deren Stelle drängen könnte. Der Literaturunterricht, in dem in aller Regel die Lehrerinterpretation die Rolle der richtigen Deutung spielt, zeigt dies überdeutlich: Kluge Schüler lesen die Interpretation und nicht mehr den literarischen Text.

4.6 Die konstruktivistische Basis der Empirischen Literaturwissenschaft verändert auch die Argumentationssituation in der Frage nach Literarizität und Fiktion. Es liegt wohl auf der Hand, daß eine Konzeption der Realität als Konstrukt eine völlig veränderte Diskussion über »Kunst und Wirklichkeit« bedingt. Schon Mitte der 60er Jahre hat der englische Kulturtheoretiker Raymond Williams diese Debatte geführt,[10] interessanterweise schon damals gestützt auf biologische Thesen J. Z. Youngs, die dieser bereits 1951 in seinem Buch »Doubt and Certainty in Science – a Biologist's Reflections on the Brain« entwickelt hatte. Seine zentrale These lautete: Das Hirn eines jeden von uns schafft buchstäblich seine eigene Welt. Zusammen mit Sir Russel Brains durchaus konstruktivistischen Ansichten (niedergelegt in »Mind, Perception, and Science«, 1951) findet Williams hier eine Ausgangslage, die erst bei den Konstruktivisten wieder erreicht worden ist. Und er zieht daraus damals schon dieselben Schlüsse wie wir heute: »... es kann aber kaum ein Zweifel daran bestehen, daß wir fortan davon ausgehen müssen, daß die *Realität, so wie wir sie erfahren*, in dem genannten Sinne eine menschliche Schöpfung darstellt, daß

---

10 R. Williams, 1977. Innovationen. Über den Prozeßcharakter von Literatur und Kultur. Frankfurt/M.: Syndikat.

unsere gesamte Erfahrung eine menschliche Version der Welt ist, in der wir leben. Diese Version hat vor allem zwei Quellen: das menschliche Hirn, wie es sich langsam herausgebildet hat, und die Interpretationen, die wir von unserer Kultur geliefert bekommen. Die Version des Menschen von der von ihm bewohnten Welt hat eine zentrale biologische Funktion: sie ist eine Form der Interaktion zwischen ihm und seiner Umgebung, die ihm gestattet, sein Leben zu erhalten und größere Kontrolle über die Umwelt zu erlangen. Wir ›sehen‹ auf bestimmte Weise, das heißt wir interpretieren sensorische Informationen aufgrund bestimmter Regeln, entsprechend einer Lebensweise.« (1977, S. 23) Damit ist für Williams der Gegensatz zwischen Kunst und Wirklichkeit endlich als falsch erkennbar. Wenn dieser Dualismus wegfällt, dann beginnt man zu begreifen, daß Literatur und Kunst zwei von vielen Kommunikations- und Beschreibungsmöglichkeiten für unsere Erfahrungen sind, die sich eben nicht durch ihre Konstruktivität, sondern nur durch den Gebrauch besonderer Verfahren von wirklichkeitskonstruktiven Prozessen unterscheiden, die wir nicht als Kunst betrachten. Ein Blick auf die Kulturgeschichte zeigt, daß die kategoriale Auszeichnung bestimmter Teile gesellschaftlicher Wirklichkeitsmodelle als real oder als fiktiv eine kulturelle und keine ontologische Frage war und ist und daß die Bindung des Literaturbegriffs an die Fiktivitätskategorie poetologisch sehr variant vorgenommen worden ist. Ähnliches gilt für die Bestimmung der Literarizität von Texten: Sie kann nicht einfach durch eine Aufzählung und Kombination von Textmerkmalen erfolgen. Sondern hier geht es um eine nur historisch-empirisch zu lösende Frage, wer wann unter welchen Bedingungen Texten bestimmte Merkmale wahrnehmend zugeordnet und sie wertend als literaturstiftend eingeschätzt hat.

4.7 Eine wichtige, aber problematische Konsequenz konstruktivistischer Fundierung einer Empirischen Literaturwissenschaft schließlich liegt im Fragenkomplex Anwendungsorientierung. Literaturwissenschaftliches Handeln, organisiert im Wissenschaftssystem, hat aufgrund seiner Integration in das Gesellschaftssystem notwendig geplante Folgen und vielfältige ungeplante Konsequenzen. Eine Trennung zwischen Wissenschaft und Gesellschaft ist schon als Gedanke ebenso systemfremd gedacht wie eine Trennung zwischen Literatur und Gesellschaft. Daraus ergeben sich Folgen, die bei einer Disziplin wie der Literaturwissenschaft, die stets in prekärer Nähe zu weltanschaulichen Überzeugungstaten stand, bisher viel zuwenig bedacht worden sind. Wenn nun in einer Konzeption von Literaturwissenschaft, die ihre wissenschaftstheoretischen Entscheidungen aus ihren gesellschaftspolitischen Zielvorgaben ableitet, über Folgen und Konsequenzen literaturwissenschaftlichen Handelns nachgedacht wird, dann liegt es nahe, bei der unvermeidlichen Selektion von Themen und Aspekten solche zu wählen, deren Behandlung zielrelevantes Wissen verspricht. Angesichts der heute schon erahnbaren Komplexität von Literaturprozessen muß man dabei einen Forschungsbereich *experimentelle Literaturwissenschaft* früh genug vorsehen, in dem langfristige Prozesse und multifaktorielle co-evolutive Prozesse modellhaft simuliert werden können. Mit aller Vorsicht muß auch darüber nachgedacht werden, ob Literaturwissenschaft nicht Auftragsforschung übernehmen sollte, um Wissen zu gewinnen, für das Bedarf bereits besteht oder plausibel gemacht werden kann. Das betrifft etwa eine grundsätzliche Umgestaltung des Literaturunterrichts, aus dem die Gesinnungsinterpretation endlich verschwinden muß, um Jugendliche wirksam auf eine erfolgreiche spätere Teilnahme am Literatursystem vorbereiten zu können.

5. Empirische Literaturwissenschaft: ein neues Paradigma?

In der Debatte über Empirische Literaturwissenschaft sind deutlich zwei Positionen auszumachen: Position 1 vereint Literaturwissenschaftler, die die vorhandene Literaturwissenschaft mehr oder weniger stark *empirisieren* wollen (so etwa Kreuzer, Knilli, Fricke, Schönert u. a.); Position 2 vertreten Literaturwissenschaftler, die ein neues Konzept von Literaturwissenschaft, eben eine Empirische Literaturwissenschaft, als bewußte *Alternative* zu vorhandenen literaturwissenschaftlichen Konzepten, entwickeln wollen (so – wenn auch mit gewissen Unterschieden – N. Groeben und die NIKOL-Gruppe). Das Empirisierungsprogramm tritt als Reformstrategie für bisherige literaturwissenschaftliche Konzeptionen auf und bleibt ihnen insofern prinzipiell verbunden, als weiterhin der literarische Text und seine Interpretation im Zentrum literaturwissenschaftlichen Interesses verbleiben. Seine Vertreter plädieren gegen einen Paradigmawechsel, da es ihnen problematisch erscheint, zugleich den Problembereich und die Verfahren der Literaturwissenschaft zu ändern, oder da sie bewußt hermeneutischen Programmen verbunden bleiben möchten.

Gegen diese wissenschaftspolitisch sicher klugen Einwände möchte ich folgendes zu bedenken geben: Die im vorangegangenen skizzenhaft geschilderten konstruktivistischen Grundlagen der Empirischen Literaturwissenschaft und die sich daraus ergebenden Konsequenzen führen dazu, daß Probleme, Verfahren, Ziele, Werte und Ergebnisse literaturwissenschaftlicher Arbeit im Vergleich zu bisherigen literaturwissenschaftlichen Ansätzen *insgesamt* (nicht nur partiell) neu und anders gesehen werden. Das bedeutet: Die Empirische Literaturwissenschaft betrachtet als ihre Aufgabe

- die Beschreibung und Erklärung von Literaturprozessen in Literatursystemen;
- die Anwendung empirischer Verfahren aus den Sozialwissenschaften und die empirische Prüfbarkeit der erzielten Ergebnisse;
- das Bereitstellen anwendbaren Wissens für Aktanten innerhalb und außerhalb des Literatursystems;
- die Erarbeitung expliziter empirischer Theorien als Problemlösungsstrategien;
- interdisziplinäre Arbeit, die Intersubjektivität der verwendeten Fachsprache und rationale Argumentation voraussetzt;
- Teamarbeit im Rahmen expliziter Theorien und Methoden;
- die Orientierung an gesellschaftspolitischen Wertvorstellungen, die sich auf Prinzipien wie Selbstorganisation, Ordnung durch Fluktuation und Freiheit, Selbstbestimmung, Primat von Prozessen über Strukturen beziehen.

Wenn aber sowohl im intellektuellen als auch im normativen Bereich, im Hinblick auf die Konzeptionen von Wissenschaft, Literatur und Literaturwissenschaft und ihre gesellschaftspolitischen Implikate als auch im Hinblick auf Konzepte von Sprache, Text, Bedeutung und Ästhetik zugleich grundlegende Veränderungen in einem Forschungsprogramm tatsächlich auftreten, dann kann wohl im Kuhnschen Sinne von Paradigmawechsel gesprochen werden, auch wenn die bis jetzt entwickelten *Theorien* noch nicht den Stand erreicht haben, der wissenschaftstheoretisch als ausgereift bezeichnet werden kann.

Ist aber ein Paradigmawechsel *im Gange*, dann kann es für die, die daran teilnehmen, keine Frage der Klugheit oder kollegialer Konzilianz sein, ob sie mit den Konsequenzen aus dem Paradigmawechsel ernst machen oder nicht; sondern dann geht es um die »intellectual honesty«, die I. Lakatos als letzten verbindlichen Wert in der Wissenschaftlergemeinschaft angesehen hat. Wer *aus ihm* unabweisbaren Gründen davon überzeugt ist, daß ein Literaturwissenschaftler im Rahmen expliziter empirischer Theorien Literatursysteme beschreiben und erklären sollte, um gesellschaftlich relevantes anwendbares Wissen zu erarbeiten, der kann es nicht für sinnvoll halten, literaturwissenschaftliche Programme reformieren zu wollen, die seinen paradigmatischen Überzeugungen in zentralen Punkten widersprechen.

Wenn sich mit der Entwicklung der Empirischen Literaturwissenschaft tatsächlich ein Paradigmawechsel andeuten sollte, dann *können* nicht einfach alte Probleme, Theorien, Modelle, Konzepte und Werte ganz oder partiell übernommen werden. Denn im neuen Paradigma haben sich – aufgrund der erkenntnistheoretischen, wissenschaftstheoretischen und gesellschaftspolitischen Entscheidungen – die *Konstruktionsregeln* und *-normen* für Wirklichkeit, Sinn, Wert und Identität gewandelt. Kurz gesagt: Es hat sich nicht nur eine neue Theorie entwickelt, sondern *das Leben ist anders geworden*.

PETER M. HEJL UND SIEGFRIED J. SCHMIDT

Bibliographie

Eine vollständige Bibliographie zum Konstruktivismus, die alle Vorläufer oder in diesem Zusammenhang einflußreiche andere Arbeiten berücksichtigte, müßte nicht nur außerordentlich umfangreich sein, sondern würde erhebliche Klassifikationsprobleme mit sich bringen. Auf den folgenden Seiten sind deshalb nur Veröffentlichungen von solchen Autoren zusammengestellt, die teils selbst den modernen Konstruktivismus begründet, teils im Kontakt mit den »Gründervätern« deren Überlegungen und Vorschläge im Zusammenhang der eigenen wissenschaftlichen Arbeit aufgenommen und weitergeführt haben. Dieses Netzwerk persönlicher und wissenschaftlicher Beziehungen sollen die wenigen folgenden Literaturangaben deutlicher werden lassen.

Der in diesem Sammelband vorgestellte Konstruktivismus hat seine Wurzeln in drei unterschiedlichen Fachgebieten bzw. Theorietraditionen, die aber durch das gemeinsame philosophisch-erkenntnistheoretische Interesse der genannten Autoren verbunden sind: der Kybernetik, der Entwicklungs- und Sprachpsychologie und der Biologie. Entsprechend dieser Herkunft sind denn auch viele der zu nennenden Arbeiten mehreren Gebieten zuzuordnen. Die Charakterisierungen geben also Schwerpunkte an. Da es sich außerdem um eine international geführte Diskussion handelt, ist es auch nicht möglich, die Bibliographie auf deutschsprachige Titel zu beschränken.

Für die »kybernetische Wurzel« seien zwei Sammelbände mit Arbeiten Heinz VON FOERSTERS genannt. Mitbegründer der Kybernetik und Herausgeber der Berichte über die legendären Tagungen der Macy Foundation über »Cybernetics: Circular Causal and Feedback Mechanism«, unternahm Heinz VON FOERSTER bereits in den frühen 60er Jahren erste Schritte zur Lösung des Problems der Selbstorganisation. Er ist damit als einer der wenigen Autoren anzusehen, der das Innovationspotential der Kybernetik, das über die Bereitstellung von Regelungsmodellen weit hinausgeht, bereits sehr früh erkannt hat:

FOERSTER, Heinz VON, 1981: Observing Systems, Seaside, Cal., Niederzissen: Intersystems Publications. 331 S.

FOERSTER, Heinz VON, 1985: Sicht und Einsicht, Versuche zu einer operativen Erkenntnistheorie, Braunschweig, Wiesbaden: Vieweg. 233 S. Inhalt: Wahrnehmungen der Zukunft und Zukunft der Wahrnehmungen; Die Verantwortung des Experten; Über das Konstruieren von Wirklichkeiten; Bibliothekare und Technologie: eine Mesalliance?; Kybernetik einer Erkenntnistheorie; Bemerkungen zu einer Epistemologie des Lebendigen; Gedanken und Bemerkungen über Kognition; Über selbstorganisierende Systeme und ihre Umwelten; Gedächtnis ohne Aufzeichnung; Molekular-Ethologie: ein unbescheidener Versuch semantischer Klärung; Gegenstände: greifbare Symbole für (Eigen-)Verhalten.

Wichtige Arbeiten des Sprach- und Entwicklungspsychologen Ernst VON GLASERSFELD, dessen Name mit dem Programm des radikalen Konstruktivismus aufs engste verknüpft ist, werden zusammengefaßt in dem Sammelband:

GLASERSFELD, Ernst von, 1987: Wissen, Sprache und Wirklichkeit. Arbeiten zum radikalen Konstruktivismus. 315 S. Braunschweig, Wiesbaden: Vieweg. Inhalt u. a. Teil 1 Sprache und Semantik (Lesen und Lesbarkeit: das Problem der syntaktischen Komplexität; ›Weil‹ und die Begriffe der Verursachung; Zeichen – Kommunikation – Sprache; Sprache als zweckorientiertes Verhalten: zur Entwicklungsgeschichte; Über den Begriff der Interpretation), Teil 2 Die Erkenntnistheorie des radikalen Konstruktivismus (Piaget und die Erkenntnistheorie des radikalen Konstruktivismus; Die Begriffe der Anpassung und Viabilität in einer radikal konstruktivistischen Erkenntnistheorie; Kybernetik, Erfahrung und der Begriff des Ich; Eine Epistemologie für kognitive Systeme; Rückkopplung, Induktion und Erkenntnistheorie), Teil 3 Untersuchungen zum Zahlbegriff (Ein Bewußtseins-Modell der begrifflichen Konstruktion von Einheiten und Zahlen; ›Subitizing‹: Die Rolle figuraler Muster in der Entwicklung von Zahlbegriffen; Lernen als konstruktive Tätigkeit).

Ein wichtiger Versuch zur Klärung des Verhältnisses des Konstruktivismus zur spekulativen Philosophie ist zu finden in:

RICHARDS, John/GLASERSFELD, Ernst VON, 1984: »Die Kontrolle von Wahrnehmung und die Konstruktion von Realität. Erkenntnistheoretische Aspekte des Rückkoppelungs-Kontroll-Systems.« (Autorisierte deutsche Übersetzung von »The Control of Perception and the Construction of

Reality.« in: Dialectica, vol. 33, no. 1, 1979, 37–58 von S. J. SCHMIDT). in: Delfin III, Aug. 1984, 4–25.

Von kommunikationswissenschaftlichen bis zu psychotherapeutischen Aspekten reichen die Beiträge in einem von Paul WATZLAWICK herausgegebenen Sammelband:

WATZLAWICK, Paul (Hrsg.), 1981: Die erfundene Wirklichkeit. München: Piper. Beiträge: Einführung in den radikalen Konstruktivismus (E. VON GLASERSFELD), Die Konstruktion einer Wirklichkeit (H. VON FOERSTER), Die Folgen des Ursachendenkens (R. RIEDL), Selbsterfüllende Prophezeiungen (P. WATZLAWICK), Gesund in kranker Umgebung (D. L. ROSENHAN), Rückbezüglichkeit in der Literatur (R. BREUER); Aktive und passive Negation (J. ELSTER), Bausteine ideologischer »Wirklichkeiten« (P. WATZLAWICK), Kann die Untersuchung der Grundlagen der Mathematik uns etwas über das Denken verraten? (G. STOLZENBERG), Der kreative Zirkel (F. VARELA).

Einführung:

WATZLAWICK, Paul, [9]1982 (Erstausgabe 1976): Wie wirklich ist die Wirklichkeit? Wahn-Täuschung-Verstehen, München: Piper, 252 S., 17 Abb.

sowie die folgenden Beiträge in den »Schriften der Carl Friedrich von Siemens Stiftung«:

WATZLAWICK, Paul: Münchhausens Zopf und Wittgensteins Leiter/Zum Problem der Rückbezüglichkeit (in: Der Mensch und seine Sprache, München 1979, Bd. 1). Der Wandel des Menschenbildes in der Psychiatrie (in: Reproduktion des Menschen/Beiträge zu einer interdisziplinären Anthropologie, München, 1981, Bd. 5).

Die dritte Wurzel bilden die Arbeiten zur biologischen Theorie der Kognition und zur Funktionsweise lebender Systeme der chilenischen Biologen und Neurokybernetiker Humberto R. MATURANA und Francisco J. VARELA. Zunächst unabhängig entstanden, wurden sie im Kontakt mit den genannten Autoren weiterentwickelt und stoßen heute auf zunehmendes Interesse in einer Vielzahl von Fachgebieten:

MATURANA, Humberto R., 1982: Erkennen: Die Organisation und Verkörperung von Wirklichkeit, Ausgewählte Arbeiten zur biologischen Epistemologie, autoris. deutsche Fass. v. W. K. Köck, Braunschweig, Wiesbaden: Vieweg. (Wissenschaftstheorie und Philosophie, Bd. 19), X, 322 S. Beiträge u. a.: Biologie der Kognition, 32–80; Größenkonstanz und das Problem der Wahrnehmungsräume (mit F. J. VARELA/S. G. FRENK), 81–87; Die Organisation des Lebendigen: eine Theorie der lebendigen Organisation, 138–156;

Autopoiese: die Organisation lebender Systeme, ihre nähere Bestimmung und ein Modell (mit F. J. VARELA/R. URIBE), 157–168; Autopoietische Systeme: eine Bestimmung der lebendigen Organisation (mit F. J. VARELA), 170–235; Biologie der Sprache: die Epistemologie der Realität, 236–271; Kognitive Strategien, 297–318.

MATURANA, Humberto R./VARELA, Francisco J., 1979: Autopoiesis and Cognition, Boston Studies in the Philosophy of Science, Boston: Reidel.

VARELA, Francisco J., 1979: Principles of Biological Autonomy, New York, Oxford: North Holland, 306 S.

In der Bundesrepublik wurden die Arbeiten der genannten Autoren vor allem durch die informelle interdisziplinäre »Arbeitsgruppe empirische Kognitionstheorie« aufgenommen und in verschiedenen Disziplinen angewendet und weiterentwickelt. In diesem Prozeß wurden drei größere Tagungen (1977 u. 1979, Universität Bremen; 1979, Universität Paderborn) mit dem Ziel veranstaltet, die Überlegungen und Vorschläge zum Themenkreis »Kybernetik 2. Ordnung« (H. VON FOERSTER), »Autopoiese« (H. R. MATURANA/F. J. VARELA) und »radikaler Konstruktivismus« (E. VON GLASERSFELD) unter möglichst vielen und auch kontroversen Aspekten zu diskutieren. Die Beiträge sind enthalten in:

HEJL, Peter M./KÖCK, Wolfram K./ROTH, Gerhard (Hrsg.), 1978: Wahrnehmung und Kommunikation, Frankfurt/M., Bern, Las Vegas: P. Lang, 315 S. Beiträge: Cognition (H. R. MATURANA), 29–50; Wahrnehmung und Denken in erkenntnistheoretischer Sicht (B. RENSCH), 51–64; Die Bedeutung der biologischen Wahrnehmungsforschung für die philosophische Erkenntnistheorie (G. ROTH), 65–78; Grundlagen einer projektiven Erkenntnistheorie (G. VOLLMER), 79–98; Erkenntnistheoretische Aspekte der Selbstorganisation natürlicher Systeme (E. JANTSCH), 99–128; Erkennung durch Makromoleküle: Evolutiv entstandene Spezifität von Wechselwirkungen (L. RENSING), 129–140; Autopoietisches oder autokinetisches System (Th. VON UEXKÜLL), 141–150; Über die Möglichkeiten der kognitiven Verarbeitung von Biosignalen: Wahrnehmung und Kommunikation aus der Sicht der Handlungstheorie (M. STADLER/P. SCHWAB/Th. WEHNER), 151–162; »Experimentelles Bewußtsein« bei tierischen Primaten (V. SCHURIG), 163–180; Probleme und Perspektiven der Neurolinguistik (K. GLONING), 181–186; Kognition-Semantik-Kommunikation (W. K. KÖCK), 187–214; Kognition und Interaktion (N. WENTURIS), 215–230; Herrschaft, Objektivität, Trivialisierung: zur Entstehung der theoretischen Komplexität moderner Wissenschaft (P. M. HEJL), 231–258; Interdisziplinäre empirische Handlungstheorie (F. J. STUMPFL), 259–278; Kognitive Ethik? – Die Frage nach der Wahrheit normativer Sätze (H. RÜSSMANN), 279–290; Systemsteuerung durch juristische Erkenntnis (E. SCHMIDT), 291–302.

BENSELER, Frank/HEJL, Peter M./KÖCK, Wolfram K. (Hrsg.), 1980: Autopoiesis, Communication, and Society, The Theory of Autopoietic Systems in the Social Sciences, Frankfurt/M., New York: Campus, 229 S. Beiträge: Man and Society (H. R. MATURANA), 11–31; On the History of Systems Thinking in Sociology (F. BENSELER), 33–44; Cognition as a Self-Organizing System (G. ROTH), 45–52; Cross-Cultural Studies in Perception: A Chink in the Armour? (J. B. DEREGOWSKI), 53–74; The Concept of Equilibration in a Constructivist Theory of Knowledge (E. VON GLASERSFELD), 75–86; Autopoiesis and Communication (W. K. KÖCK), 87–112; Talking in Medical Science: from Objects to Subjects (Th. VON UEXKÜLL), 113–124; On the Dynamics and the Structure of Human Action (F. J. STUMPFL), 125–146; The Problem of a Scientific Description of Society (P. M. HEJL), 147–162; Autopoiesis and the Judicial Process (R. W. M. DIAS), 163–184; The Materialisation of Private Law and the Cooperation Maxim of Civil Proceedings (E. SCHMIDT), 185–196; Cybernetics of Second Order – Some Problems (A. GHOSE), 197–207.

ROTH, Gerhard/SCHWEGLER, Helmut (Hrsg.), 1981: Self-organizing Systems, An interdisciplinary approach, Frankfurt/M., New York: Campus, 187 S. Beiträge: Synergetics and the Problem of Selforganization (H. HAKEN), 9–13; Autonomy and Autopoiesis (F. J. VARELA), 14–23; Structure and Organization of Biological Systems (H. SCHWEGLER), 24–38; Is there a Linear Hierarchy of Biological Systems? (D. MOSSAKOWSKI/H. K. NETTMANN), 39–46; Selforganization and Integration of Information Stored in Selfreplicative Units (P. SCHUSTER), 47–61; Self-organized States of Neuronal Networks (U. AN DER HEIDEN), 62–72; Stimulus-Secretion Coupling as an Effector Mediated Self-Organizing Process Involving Membrane Fusion (V. KASCHE), 73–83; Self-Organizing Characteristics of Ecological Communities (D. L. DE ANGELIS/W. M. POST/C. C. TRAVIS), 84–101; On Cybernetics of Cybernetics and Social Theory (H. VON FOERSTER), 102–105; Biological Systems Thinking and the Problem of Reductionism (G. ROTH), 106–120; An Epistemology for Cognitive Systems (E. VON GLASERSFELD), 121–131; Systems and Crisis in Human Physical and Mental Development (Th. VON UEXKÜLL) 132–144; On Communication and the Stability of Social Systems (W. K. KÖCK), 145–169; The Definition of System and the Problem of the Observer: The Example of the Theory of Society (P. M. HEJL), 170–185.

Im Zuge der Arbeiten dieser Arbeitsgruppe entstand ebenfalls eine Fülle von Einzelveröffentlichungen, von denen hier lediglich einige wenige angegeben seien:

AN DER HEIDEN, Uwe, 1985: »Kognitive Selbstreferenz«, in: Gerhard PASTERNAK (Hrsg.) 1985, Verstehen, Erklären, Begründen. Bremen: Universität Bremen, Zentrum Philosophische Grundlagen der Wissenschaft, 59–86.

AN DER HEIDEN, Uwe/ROTH, Gerhard/SCHWEGLER, Helmut, 1985: »Die Organisation der Organismen: Selbstherstellung und Selbsterhaltung«. Funkt. Biol. Med. 5, 330, 330–346.

Hejl, Peter M., 1982: Sozialwissenschaft als Theorie selbstreferentieller Systeme, Frankfurt, New York: Campus, 436 S.
Köck, Wolfram K., 1983: »Erkennen = (Über-)Leben, Bemerkungen zu einer radikalen Epistemologie«, Zeitschrift für systemische Therapie, Jg. 1, H. 1, 45–55.
Köck, Wolfram K., 1984: »Menschliche Kommunikation: Theorie und Empirie«, in: H. Schauer/M. J. Tauber (Hrsg.) 1984, Psychologie der Computerbenutzung, München, Wien: Oldenbourg, 20–54.
Roth, Gerhard, 1985: »Erkenntnis und Realität. Das reale Gehirn und seine Wirklichkeit«, in: Gerhard Pasternak (Hrsg.) 1985, Erklären, Verstehen, Begründen. Bremen: Universität Bremen, Zentrum Philosophische Grundlagen der Wissenschaft, 87–109.

Auswirkungen der Theorie autopoietischer Systeme Maturanas und Varelas zeigen sich auch in ganz anders orientierten soziologischen Arbeiten, so z. B. bei

Luhmann, Niklas, 1982: »Autopoiesis, Handlung und kommunikative Verständigung.« in: Zeitschrift f. Soziologie 11, 1982, 366–379.
Luhmann, Niklas, 1984: Soziale Systeme, Grundriß einer allgemeinen Theorie. Frankfurt/M.: Suhrkamp, 676 S.

Die Entwicklung der Empirischen Literaturwissenschaft ist in Deutschland aufs engste verbunden mit dem Konstruktivismus, der ihre philosophische Grundlegung lieferte. Diese Entwicklung wird dokumentiert in folgenden Büchern:

Finke, Peter, 1982: Konstruktiver Funktionalismus. Die wissenschaftstheoretische Basis einer empirischen Theorie der Literatur. Braunschweig, Wiesbaden: Vieweg, X, 254 S. (Konzeption Empirische Literaturwissenschaft, Bd. II).
Hauptmeier, Helmut/Schmidt, Siegfried J., 1985: Einführung in die Empirische Literaturwissenschaft. Braunschweig, Wiesbaden: Vieweg, VIII, 215 S.
Schmidt, Siegfried J., 1980: Grundriß der Empirischen Literaturwissenschaft. Teilband 1: Der gesellschaftliche Handlungsbereich Literatur. Braunschweig, Wiesbaden: Vieweg (Konzeption Empirische Literaturwissenschaft, Bd. I, 1). XVI, 348 S.
Schmidt, Siegfried J., 1982: Foundations for the Empirical Study of Literature. The Components of a Basic Theory. (Übersetzt und bearbeitet von R. de Beaugrande) Hamburg: Buske 1982 (Papers in Textlinguistics, vol. 36) 208 S.
Schmidt, Siegfried J., 1982: Grundriß der Empirischen Literaturwissenschaft. Teilband 2: Zur Rekonstruktion literaturwissenschaftlicher Fragestellungen in einer Empirischen Theorie der Literatur. Braunschweig, Wiesbaden: Vieweg (Konzeption Empirische Literaturwissenschaft, Bd. I, 2) IX, 248 S.

Empirische Projekte auf konstruktivistischer Grundlage werden vorgestellt in:

HINTZENBERG, Dagmar/SCHMIDT, Siegfried J./ZOBEL, Reinhard, 1980: Zum Literaturbegriff in der Bundesrepublik Deutschland. Braunschweig, Wiesbaden: Vieweg (Konzeption Empirische Literaturwissenschaft, Bd. III/IV) X, 262 S.

SCHMIDT, Siegfried J. (Hrsg.), 1981: Empirical Studies in Literature. Amsterdam. Poetics, vol. 10, nos. 4/5.

SCHMIDT, Siegfried J./ZOBEL, Reinhard, 1983: Empirische Untersuchungen zu Persönlichkeitsvariablen von Literaturproduzenten. Braunschweig, Wiesbaden: Vieweg (Konzeption Empirische Literaturwissenschaft, Bd. V), VIII, 166 S.

RUSCH, Gebhard, 1986: »Verstehen verstehen. Ein Versuch aus konstruktivistischer Sicht«. in: LUHMANN, N./K. E. SCHORR (Hrsg.), 1986. Zwischen Intransparenz und Verstehen. Fragen an die Pädagogik. Frankfurt a. M.: Suhrkamp, 40–71.

Aus der Fülle von Einzelbeiträgen zu Themen Empirischer Literaturwissenschaft seien genannt:

RUSCH, Gebhard, 1983/1984: »Autopoiesis, Literatur, Wissenschaft. – Was die Literaturwissenschaft von der Kognitionstheorie lernen kann.« in: Siegener Studien 35, WS 1983/84, S. 20–44.

RUSCH, Gebhard, 1986: »Verstehen verstehen. Ein Versuch aus konstruktivistischer Sicht«. in: LUHMANN, N./K. E. SCHORR (Hrsg.), 1986. Zwischen Intransparenz und Verstehen. Fragen an die Pädagogik. Frankfurt a. M.: Suhrkamp, 40–71.

MEUTSCH, Dietrich, 1984: »Wie entsteht ein ›verständlicher‹ Text? Einflüsse literarischer und nicht-literarischer Kontexte auf zielspezifische Verstehensprozesse.« in: Wolfgang KLEIN (Hrsg.), 1984. Textverständnis – Textverstehen. Zeitschrift f. Literaturwissenschaft und Linguistik 55, 86–112.

SCHMIDT, Siegfried J., 1984: »Werturteile in der empirischen Literaturwissenschaft: Thesen und Kommentare«. in: P. FINKE & S. J. SCHMIDT (Hrsg.), 1984. Analytische Literaturwissenschaft. Braunschweig, Wiesbaden: Vieweg (Wissenschaftstheorie. Wissenschaft und Philosophie, Bd. 22), 240–250.

SCHMIDT, Siegfried J., 1984: »Kunst und Wissenschaft aus konstruktivistischer Sicht.« in: S. D. SAUERBIER (Hrsg.), Zum veränderten Verhältnis von Kunst und Wissenschaft heute (Kunst und Therapie Bd. 5). Münster: Lit, 166–176.

Welche neuen Aspekte die Theorie autopoietischer Systeme für die Kunsttheorie eröffnet, entfaltet ein vielbeachteter Aufsatz N. LUHMANNS:

LUHMANN, Niklas, 1984: »Das Kunstwerk und die Selbstreproduktion der Kunst«. Delfin III, August 1984, 51–69.

Den interdisziplinären und internationalen Charakter der hier zu skizzierenden Diskussion dokumentieren außerdem so gewichtige Publikationen wie:

DUPUY, Jean-Pierre, 1982: Ordres et Désordres, Enquête sur un nouveau paradigme, Paris: Seuil, 280 S.

DUMOUCHEL, Paul/DUPUY, Jean-Pierre (Hrsg.), 1983: L'autoorganisation, De la physique au politique, Colloque de Cerisy, Paris: Seuil, 562 S. Beiträge u. a.: Les dangers de l'auto (M. GUTSATZ), 29–36; Des tortues jusqu'en bas (I. STENGERS), 37–50; Quelques approches physiques de l'organisation (G. WEISBUCH), 64–74; Réseaux d'automates et morphogénès (F. FOGELMAN-SOULIE), 101–114; L'émergence du nouveau et du sens (H. ATLAN), 115–130; L'autoorganisation: de l'apparence au méchanisme (F. VARELA), 147–164; La fascination de l'autoorganisation (P. LIVET), 172–178; Les sciences du système nerveux et le formalisme du hasard organisationnel (J. PAILLARD), 219–237; Auto-organisation à partir du bruit et système nerveux (J.-C. TABARY), 238–256; La contingence dans les affaires humaines (C. CASTORIADIS/R. GIRARD), 282–304; L'auto-organisation du social dans la pensée libérale et économique (J-P. DUPUY), 377–384; Que disent les oiseaux? Réflexions sur une théorie de la communication (B. SHANNON), 407–414; Formation et désintégration de la galaxie »auto« (P. ROSANVALLON), 456–465; De la fermeture à l'ouverture, en passant par l'autonomie? (Y. BAREL), 466–475.

ULRICH, Hans/PROBST, Gilbert J. B. (Hrsg.), 1984: Self-Organization and Management of Social Systems, Insights, Promises, Doubts, and Questions, Berlin u. a.: Springer, 155 S. Beiträge: Part I Principles of Self-Organization in Physical, Biological, and Social Systems (Principles of Self-Organization – In a Socio-Managerial Context (H. VON FOERSTER), 2–24; Two Principles for Self-Organization (F. J. VARELA), 25–32; Can Synergetics Be of Use to Management Theory? (H. HAKEN), 33–37; Self-Organization: Some Theoretical Cross-Connections (R. RIEDL), 38–59; Towards a Theory of Social Systems: Self-Organization and Self-Maintenance, Self-Reference and Syn-Reference (P. M. HEJL), 60–78; Part II Self-Organization and Management – A Misunderstood Societal Function (H. ULRICH), 80–93; Systems Thinking in Management: The Development of Soft Systems Methodology and its Implications for Social Science (P. B. CHECKLAND), 94–104; Evolutionary Management (F. MALIK/G. J. B. PROBST), 105–120; Systems Approach to Management: Hopes, Promises, Doubts – A Lot of Questions and Some Afterthoughts (F. MALIK), 121–126; Cybernetic Principles for the Design, Control, and Development of Social Systems and Some Afterthoughts (G. J. B. PROBST), 127–131; Some Explanatory Boundaries of Organismic Analogies for the Understanding of Social Systems (P. DACHLER), 132–147.

FLORES, Carlos F./WINOGRAD, Terry, 1983: Understanding Computers and

Cognition. A New Foundation for Design. Norwood, N. J.: Ablex Publ. 207 S.

ZELENY, Milan (Hrsg.), 1980 a: Autopoiesis, Dissipative Structures, and Spontaneous Social Orders, AAAS Selected Symposium 55, Boulder: Westview Press, 149 S. Beiträge: Autopoiesis: A Paradigm Lost? (M. ZELENY), 3–44; Autopoiesis: Reproduction, Heredety and Evolution (H. R. MATURANA), 45–80; The Unifying Paradigm Behind Autopoiesis, Dissipative Structures, Hyper- and Ultracycles (E. JANTSCH), 81–88; Computer Simulation of Disturbed Cell Renewal Systems: A Study of Their Structural and Dynamic Behaviour (W. DÜCHTING), 89–108; Order by Fluctuation and the Urban System (P. M. ALLEN/M. SANGLIER), 109–132; Socioeconomic Inequalities: Effects of Self-Enhancement and Depletion (A. GIERER), 133–149.

ZELENY, Milan (Hrsg.), 1980 b: Autopoiesis: A Theory of the Living Organization, New York: Elsevier North Holland. Beiträge: What Is Autopoiesis? (M. ZELENY), Autopoiesis (H. R. MATURANA), Describing the Logic of the Living (F. J. VARELA), Modeling Autopoiesis (R. B. URIBE), Autopoiesis: A Central Aspect of Dissipative Self-Organization (E. JANTSCH), Autogenesis (M. ZELENY), Autopoiesis and Neobiogenesis (G. R. GAINES), Autopoiesis – Allopoiesis Interplay (A. M. ANDREW), Self-Organization, Autopoiesis, and Evolution (M. U. BEN-ELI), Hierarchical Self-Organization in Living Systems (H. ATLAN), Metatheoretical Presuppositions for Autopoiesis (A. LOCKER), Life as an Autolinguistic Phenomenon (L. LÖFGREN), The Same Is Different (R. GLANVILLE), Organizational Closure of Potentially Conscious Systems (G. PASK).

Nachtrag 1991

Bei der Erstveröffentlichung dieser Bibliographie waren die Arbeiten zum Konstruktivismus noch weitgehend überschaubar. In den seit 1985 vergangenen sechs Jahren hat sich das gründlich geändert. Konstruktivistische Überlegungen, wenn auch unterschiedlicher »Radikalität«, sind fast zum rituellen Beleg dafür geworden, daß man die Diskussion zur modernen Epistemologie kennt. Ähnlich wie in der Rezeption der Autopoiesetheorie – und von ihr nicht zu trennen – fällt es auch beim Blick auf die Auseinandersetzung mit dem radikalen Konstruktivismus nicht leicht, dem modischen Trend geschuldete Beiträge von solchen zu unterscheiden, die einem theoretischen und/oder praktischen Erkenntnisinteresse entspringen. Sowohl wegen dieser Ambiguität als auch wegen der unüberschaubaren Fülle an Veröffentlichungen beansprucht die vorliegende Ergänzung der Literaturliste keine Vollständigkeit. Sie enthält vielmehr Arbeiten, die *wir* für wichtig halten. Aufgenommen haben wir vor allem Arbeiten, die, aus welchen Gründen auch immer, die Grundidee des Konstruktivismus aufnahmen, nämlich das *Verhalten kognitiver und sozialer Systeme »von innen« zu erklären*. Daneben waren für konstruktivistische Überlegungen wichtige Arbeiten in *verschiedenen Bereichen* ebenso zu berücksichtigen wie Bemühungen zur *Methoden- und Empirieproblematik*. Daß die in dieser Bibliographie versammelten Arbeiten trotz der Selektivität der Auswahl und trotz der breiten Durchsetzung konstruktivistischer Grundüberzeugungen noch weit von einer paradigmatischen und damit auch terminologischen Uniformität entfernt sind, entspricht dem Prozeßcharakter wissenschaftlicher Innovationen.

Vorab jedoch ein für das konstruktivistische Verständnis von Wissenschaft wichtiger Nachtrag:

KNORR-CETINA, Karin, 1984: Die Fabrikation von Erkenntnis. Zur Anthropologie der Wissenschaft. Frankfurt a./M.: Suhrkamp.

Nach 1985 erschienen:

BROCHER, Tobias H./SIES, C., 1986: Psychoanalyse und Neurobiologie. Zum Modell der Autopoiese als Regulationsprinzip. (Jahrbuch der Psychoanalyse, Beiheft 10) Stuttgart-Bad Cannstatt: frommann-holzboog.

SCHIEPEK, Günter (Hrsg.), 1987: Systeme erkennen Systeme. Individuelle, soziale und methodische Bedingungen systemischer Diagnostik. München, Weinheim: Psychologie Verlags Union. Beiträge: Das Konzept der systemischen Diagnostik (G. SCHIEPEK), Die Theorie H.R. Maturanas und die Notwendigkeit ihrer Weiterentwicklung (G. ROTH), Die neuronalen Grundlagen der Wahrnehmung (J. R. SCHWARZ), Systembeobachtung, Systemdiagnose, Systemintervention – weiße Löcher in schwarzen Kästen? (H. WILLKE), Zum Begriff des Individuums – Bemerkungen zum ungeklärten Verhältnis von Psychologie und Soziologie (P. M. HEJL), Vom Stellenwert diagnostischer Maßnahmen im systemischen Verständnis von Therapie (K. LUDEWIG), Verhaltensdiagnostik, Systemdiagnostik und der Anspruch auf Aufklärung (H. REINECKER), Diagnostik in Familien mit verhaltensgestörten Kindern: Handeln nach dem Konzept der Kontrollierten Praxis (F. PETERMANN), Zur ökopsychologischen Organisation der Persönlichkeit – Implikationen für die systemische Diagnostik (H. MOGEL), Statistische Methoden für system- und prozeßorientierte Modelle in der Psychologie (G. ARMINGER, H. MEYER).

SCHMIDT, Siegfried J. (Hrsg.), 1987: Der Diskurs des Radikalen Konstruktivismus. Frankfurt a. M.: Suhrkamp. Beiträge: Der Radikale Konstruktivismus: Ein neues Paradigma im interdisziplinären Diskurs (S. J. SCHMIDT), Kognition (H. R. MATURANA), Autonomie und Autopoiese (F. J. VARELA), Erkenntnistheorie und Selbstorganisation (H. v. FOERSTER), Erkenntnistheoretische Aspekte der Selbstorganisation natürlicher Systeme (E. JANTSCH), Die Kontrolle von Wahrnehmung und die Konstruktion von Realität. Erkenntnistheoretische Aspekte des Rückkopplungs-Kontroll-Systems (J. RICHARDS, E. v. GLASERSFELD), Das reale Gehirn und seine Wirklichkeit (G. ROTH), Die Theorie H. R. Maturanas und die Notwendigkeit ihrer Weiterentwicklung (G. ROTH), Biologie der Sozialität (H. R. MATURANA), Konstruktion der sozialen Konstruktion: Grundlinien einer konstruktivistischen Sozialtheorie (P. M. HEJL), Kognition–Semantik–Kommunikation (W. K. KÖCK), Autopoiesis, Literatur, Wissenschaft. Was die Kognitionstheorie für die Literaturwissenschaft besagt (G. RUSCH), Siegener Gespräche über Radikalen Konstruktivismus (Interview mit E. v. GLASERSFELD), Selbstorganisation – Zur Genese und Entwicklung einer wissenschaftlichen Revolution (W. KROHN, G. KÜPPERS, R. PASLACK).

KLÜVER, Jürgen, 1988: Die Konstruktion der sozialen Realität Wissenschaft: Alltag und System. Braunschweig, Wiesbaden: Vieweg.

MIDDLETON, David/EDWARDS, Derek (Hrsg.), 1990: Collective Remembering. (Inquiries in Social Construction) London, Newbury Park, New Delhi: Sage. Beiträge: Introduction (D. MIDDLETON, D. EDWARDS), Conversational Remembering: a Social Psychological Approach (D. MIDDLETON, D. EDWARDS), Artefacts, Memory and a Sense of the Past (A. RADLEY), Collective Memory, Ideology and the British Royal Family (M. BILLIG), The Reconstruction of Abraham Lincoln (B. SCHWARTZ), Ronald Reagan Misrembered (M. SCHUDSON), The Social Construction of Remembering and Forgetting (J. SHOTTER), Organizational Forgetting: An Activity-Theoretical Perspektive (Y. ENGESTRÖM u. a.), Sharing Knowledge, Celebrating Identity: Community Memory in a Service Culture (J. E. ORR), Folk Explanation in Language Survival (C. A. PADDEN), Social Memory in Soviet Thought (D. BAKHURST).

RIEGAS, Volker/VETTER, Christian (Hrsg.), 1990: Zur Biologie der Kognition. Ein Gespräch mit Humberto R. Maturana und Beiträge zur Diskussion seines Werkes. Frankfurt a. M.: Suhrkamp. Beiträge: Gespräch mit Humberto R. Maturana (V. RIEGAS, Ch. VETTER), Autopoiese aus physikalischer Sicht (H. SCHWEGLER), Das Nervensystem – offenes oder geschlossenes System? (V. RIEGAS), Selbstheilung und Selbstprogrammierung. Selbstreferenz in medizinischer Wissenschaftstheorie und Künstlicher Intelligenz (P. HUCKLENBROICH), Über Wirklichkeitskriterien (M. STADLER, P. KRUSE), Autopoiese, Kognition und Kommunikation. Einige kritische Bemerkungen zu Humberto R. Maturanas Bio-Epistemologie und ihren Konsequenzen (W. K. KÖCK), Erkennen und Handeln. Zum besonderen Verhältnis von (konstruktiv-systemischer) Theorie und Praxis in der klinischen Psychologie (J. KRIZ), Soziale Systeme: Körper ohne Gehirne oder

Gehirne ohne Körper? Rezeptionsprobleme der Theorie autopoietischer Systeme in den Sozialwissenschaften (P. M. HEJL), System oder Maschine? Sozialwissenschaftliche Anmerkungen zur biologischen Bestimmung lebender Systeme als autopoietische Maschinen (A. BAMMÉ), Autopoiese als Herausforderung. Aspekte von Kritik und Zustimmung aus marxistischer Sicht (R. MOCEK), Die Unterscheidung des Beobachters: Versuch einer Auslegung (E. v. GLASERSFELD), Schopenhauer und die Thesen des modernen Konstruktivismus (P. WATZLAWICK), Der beobachtende Beobachter. Zu Text, Kommunikation und Verstehen (S. J. SCHMIDT).

VARELA, Francisco J., 1990: Kognitionswissenschaft – Kognitionstechnik. Eine Skizze aktueller Perspektiven. Frankfurt a. M.: Suhrkamp.

KROHN, Wolfgang/KÜPPERS, Günter/NOWOTNY, Helga (Hrsg.), 1990: Selforganization. Portrait of a Scientific Revolution. (Sociology of the Sciences, Vol. XIX) Dordrecht, Boston, London: Kluwer. Beiträge: Science and Daily Life: The Ontology of Scientific Explanations (H. R. MATURANA), Self-Organization, Emergent Properties and the Unity of the World (G. ROTH, H. SCHWEGLER), On a Fundamental Paradigm Shift in the Natural Sciences (B. O. KÜPPERS), The Cognitive Program of Constructivism and a Reality that Remains Unknown (N. LUHMANN), How the Law Thinks: Towards a Constructivist Epistemology of Law (G. TEUBNER), Self-Regulation in Social Systems (P. M. HEJL), Systemic Therapy – A Particular Drift Between Systems Theory and Psychotherapy (K. LUDEWIG), Literary Systems as self-organizing Systems (S. J. SCHMIDT), Chekhov's Letter: Linguistic System and its Discontents (Ch. S. BRAIDER), Concepts of Self-Organization in the 19th Century (M. HEIDELBERGER), Cognitive Systems a Self-Organizing Systems (M. STADLER, P. KRUSE), Self-Organization and Autopoiesis in the Development of Modern Science (R. STICHWEH), The Selforganization of Science – Outline of a Theoretical Model (W. KROHN, G. KÜPPERS), Actor-Networks versus Science as Self-Organizing System: A Comparative View of two Constructivist Approaches (H. NOWOTNY), Self-Organization and New Social Movements (R. PASLACK).

STANGL, Werner, 1989: Das neue Paradigma der Psychologie. Die Psychologie im Diskurs des Radikalen Konstruktivismus. Braunschweig, Wiesbaden: Vieweg.

BORG-LAUFS, Michael/DUDA, Lothar, 1991: Zur sozialen Konstruktion von Geschmackswahrnehmungen. Braunschweig, Wiesbaden: Vieweg.

MATTHIES, Ellen/BAECKER, Jochen/WIESNER, Manfred, 1991: Erkenntniskonstruktion am Beispiel der Tastwahrnehmung. Braunschweig, Wiesbaden: Vieweg.

SCHMIDT, Siegfried J. (Hrsg.), 1991: Gedächtnis. Probleme und Perspektiven der interdisziplinären Gedächtnisforschung. Frankfurt a. M.: Suhrkamp. Beiträge: Gedächtnisforschungen: Positionen, Probleme, Perspektiven (S. J. SCHMIDT), Was ist Gedächtnis, daß es Rückschau und Vorschau ermöglicht? (H. v. FOERSTER), Die Entwicklung kognitiver Strukturen – ein selbstreferentieller Lernprozeß (W. SINGER), Neuronale Grundlagen des Lernens und des Gedächtnisses (G. ROTH), Allgemeine Prinzipien des Lernens im Rahmen der Theorie biologischer Netzwerke (F.J. VARELA), Gehirn und Zeit (F. FLOREY), Konzepte und Modellvorstellungen der Synergetik zum Gedächtnis (H. HAKEN), Assoziative und nicht-assoziative Theorien des verteilten Lernens und Erinnerns (A. IRAN-NEJAD, A. HOMAIFAR), Visuelles Gedächtnis für Formen und das Problem der Bedeutungszuweisung in kognitiven Systemen (M. STADLER, P. KRUSE), Erinnerungen aus der Gegenwart (G. RUSCH), Wie Gesellschaften Erfahrungen machen oder: Was Gesellschaftstheorie zum Verständnis des Gedächtnisproblems beitragen kann (P.M. HEJL), Überlegungen zur Form des Gedächtnisses (D. BAECKER); Die Konstitution von Bedeutungen im Gehirn (G. ROTH).

SCHMIDT, Siegfried J. (Hrsg.), 1991: Neue Wege des Konstruktivismus. Frankfurt a.M.: Suhrkamp. Beiträge: Radikaler Konstruktivismus. Forschungsperspektive für die 90er Jahre (S.J. SCHMIDT), Die methodische Ordnung von Konstruktionen. Der Radikale Konstruktivismus aus der Sicht des Erlanger Konstruktivismus (P. JANICH), System und Subjekt (A. ZIEMKE, K. STÖBER), Konstruktivismus, Imagination, Traum und Emotionen (H.M. EMRICH), Konstruktivistische künstliche Intelligenz (G. MANTEUFFEL), Sozialer Konstruktivismus – eine neue Perspektive in der Psychologie (J. BAECKER, M. BORG-LAUFS, L. DUDA), Konstruktivismus und Selbstorganisation: Methodologische Überlegungen zur Heuristik psychologischer Experimente (M. STADLER, P. KRUSE), Die zwei Seiten der Eigengesetzlichkeit. Zur Konstruktion natürlicher Sozialsysteme und dem Problem ihrer Regelung (P.M. HEJL), Auffassen, Begreifen und Verstehen. Neue Überlegungen zu einer konstruktivistischen Theorie des Verstehens (G. RUSCH), Konstruierte Wissenschaftswelten (H. SCHWEGLER), Das konstruktive Gehirn: Neurobiologische Grundlagen von Wahrnehmung und Erkenntnis (G. ROTH), Sozial-konstruktivistische Wege in der Psychotherapie (M. WISNER, U. WILLUTZKI), Kinder konstruieren Welten. Perspektiven einer konstruktivistischen Physikdidaktik (St.v. AUFSCHNAITER, H. SCHWEDES, H.E. FISCHER), Medien, Kultur: Medienkultur. Ein konstruktivistisches Gesprächsangebot.

STEIER, Frederick (Hrsg.), 1991: Research and Reflexivity. (Inquiries in Social Construction) London, Newbury Park, New Delhi: Sage. Beiträge: Introduction: Research as Self-Reflexivity, Self-Reflexivity as Social Process (F. STEIER), Knowing without Metaphysics: Aspects of the Radical Constructivist Position (E. v. GLASERSFELD), Science and Daily Life: The Ontology of Scientific Explanations (H.R. MATURANA), On the Relation between Seeing, Interpreting and Knowing (Ph. H. STEEDMAN), Through the Eyes of the Other (H. v. FOERSTER), Toward Reflexive Methodologies (K.J. GERGEN, M.M. GERGEN), What should Guide Reality Construction? (I. RAVN), Reconstructing (some) Communication Research Methods (K. KRIPPENDORF), Biography or Ethnobiography or Both? Embodied Reflexivity and the Deconstruction of Knowledge-Power (T. SÖDERQUIST), Reflexivity and Methodology: An Ecological Constructionism (F. STEIER), Learning as Reflexive Conversation with Materials (J. BAMBERGER, D.A. SCHÖN), Co-constructing the Interviewer/Co-constructing ›Family‹ (J. JOR-

GENSON), A Short Essay on Languaging (A. L. BECKER), Reflection, Dialogue, and the Subject (T. MARANHAO).

WATZLAWICK, Paul/KRIEG, Peter (Hrsg.), 1991: Das Auge des Betrachters. Beiträge zum Konstruktivismus. Festschrift für Heinz von Foerster. München: Piper. Mit Beiträgen von E. v. GLASERSFELD, M. CERUTI, N. LUHMANN, E. MORIN, J.-P. DUPUY, P. M. HEJL, S. J. SCHMIDT, P. KRIEG, F. B. SIMON, H. STIERLIN, H. MATURANA, K. H. MÜLLER, J.-P. DUPUY/ F. VARELA.

Autorenverzeichnis

Heinz von Foerster, geboren 1911 in Wien, lehrte ab 1949 als Professor für Informatik und ab 1958 als Professor für Biophysik und Physiologie an der University of Illinois. 1958 Gründer und bis zu seiner Emeritierung Leiter des Biologischen Computer Laboratoriums, eines interdisziplinären wie internationalen Forschungsinstituts für das Studium der Physiologie, Theorie, Technologie und Epistemologie kognitiver Prozesse.

Ernst von Glasersfeld, geboren 1917 als Österreicher in München, entwickelte Anfang 1970 die Zeichensprache »Yerkish« und gemeinsam mit Piero Pisani das Computersystem, das am Yerkes Institute in Atlanta für Verständigungsexperimente mit der Schimpansin Lana verwendet wurde. Zur gleichen Zeit begann er, an der University of Georgia Kognitive Psychologie zu lehren; seit 1978 ist er dort Professor für Psychologie.

Peter M. Hejl, geboren 1943 in Reichenberg, ist wissenschaftlicher Mitarbeiter am Zentrum für Empirische Literatur- und Medienforschung an der Universität Siegen und arbeitet an der Entwicklung einer Sozialtheorie, die die Befunde auch der naturwissenschaftlichen Grundlagenforschung aufnimmt.

Siegfried J. Schmidt, geboren 1940 in Jülich, ist seit 1979 Professor am Lehrstuhl für Germanistik/Allgemeine Literaturwissenschaft an der Universität Siegen. Er leitet zudem das Institut für Empirische Literatur- und Medienforschung in Siegen und beschäftigt sich insbesondere mit dem Auf- und Ausbau einer empirischen Literaturwissenschaft.

Paul Watzlawick, geboren 1921 in Villach, war 1957 bis 1960 Inhaber des Lehrstuhls für Psychotherapie an der Universität von El Salvador. Seit 1960 arbeitet er als Forschungsbeauftragter am Mental Research Institute in Palo Alto, Kalifornien und zudem seit 1976 auch als Clinical Associate Professor in der Abteilung für Psychiatrie und Verhaltenswissenschaften der Stanford University.

Personenregister

zusammengestellt von Marta Heinisch

Paul Watzlawick

Anleitung zum Unglücklichsein

135 Seiten. Piper Taschenbuch

Paul Watzlawicks »Anleitung zum Unglücklichsein« ist zum Kultbuch geworden. Die Geschichten, mit denen der Autor seine Leser zum Unglücklichsein anleitet – etwa die mit dem verscheuchten Elefanten –, sind inzwischen Allgemeingut. Man kann Paul Watzlawicks Buch mit einem lachenden und einem weinenden Auge lesen. Jeder Leser dürfte etwas von sich selbst in diesem Buch wiederfinden – nämlich seine eigene Art und Weise, den Alltag unerträglich und das Triviale enorm zu machen.

»Eine amüsante Lektüre für Leute, die dazu neigen, sich das Leben schwer zu machen – ohne zu wissen, wie sie das eigentlich anstellen. Ein Lesevergnügen mit paradoxem Effekt. Das Nichtbefolgen der ›Anleitung zum Unglücklichsein‹ ist die Voraussetzung dafür, glücklich sein zu können.«
Brigitte

05/1238/04/L

Paul Watzlawick

Vom Schlechten des Guten

oder Hekates Lösungen.
124 Seiten. Piper Taschenbuch

»Ein sehr unterhaltend geschriebenes Buch, das sich mit Witz und Ironie der drängenden Probleme unserer Gegenwart annimmt und versucht, die Trugschlüsse der populärsten Problemlösungen aufzudecken.«
Österreichischer Rundfunk

»Das sich auf weite Strecken amüsant gebende und im Plauderton geschriebene Buch steckt voll tiefen Ernstes.«
Wiener Zeitung

05/1239/02/R

Paul Watzlawick

Vom Unsinn des Sinns oder vom Sinn des Unsinns

Mit einem Vorwort von Hubert Christian Ehalt. 84 Seiten. Piper Taschenbuch

»Wenn sich der brillante Philosoph und Psychoanalytiker Paul Watzlawick Gedanken über den Sinn und seine Täuschungen macht, ist Konzentration gefragt. Trotz aller Verwirrung und sprachmächtigen Wortspielereien behandelt er nämlich die zentrale Frage der menschlichen Existenz. Unbedingt ernstzunehmen.«

Forbes

05/1240/03/L

Karl R. Popper

Alles Leben ist Problemlösen

Über Erkenntnis, Geschichte und Politk. 336 Seiten. Piper Taschenbuch

Karl Popper hat an diesem Buch bis zu seinem Tod gearbeitet. In den sechzehn Texten kommen noch einmal die großen Themen zur Sprache, die sein Lebenswerk beherrscht haben: Fragen der Erkenntnis und der Beschränktheit der Wissenschaft, der Frieden, die Freiheit, die Verantwortung der Intellektuellen, die offene Gesellschaft und ihre Feinde.

»Karl Popper gehört ... zu den Söhnen der jüdischen Bürgerschicht von Wien, deren Gedanken die geistige Landschaft Europas in diesem Jahrhundert verändert und geprägt haben.«

Frankfurter Allgemeine

05/1237/02/R

Karl R. Popper / John C. Eccles

Das Ich und sein Gehirn

Aus dem Englischen von Angela Hartung und Willy Hochkeppel, unter wissenschaftlicher Mitarbeit von Otto Creutzfeldt. 699 Seiten mit 66 Abbildungen. Piper Taschenbuch

»Ein ungemein gedankenreiches Buch, das seine Hypothesen in ruhiger, verständlicher Sprache vorträgt. Die Autoren führen ein in ein wichtiges Gebiet heutiger Philosophie und Naturforschung, ohne die vielfältigen problemgeschichtlichen Zusammenhänge zu vernachlässigen ...«

Frankfurter Allgemeine Zeitung

05/1235/02/L

Karl R. Popper

Auf der Suche nach einer besseren Welt

Vorträge und Aufsätze aus dreißig Jahren. 282 Seiten. Piper Taschenbuch

Karl Raimund Popper zählt zu den bedeutendsten Philosophen dieses Jahrhunderts. Sein »kritischer Rationalismus« und seine Konzeption der »offenen Gesellschaft« haben nachhaltigen Einfluß auf die Philosophie, die Wirtschafts- und Sozialwissenschaften und auf die Politik der westlichen Welt ausgeübt – sie tun dies bis heute. Der vorliegende Band – vom Autor selbst gestaltet – versammelt zentrale Vorträge und Aufsätze Poppers aus dreißig Jahren. Die Texte faszinieren durch ihre lebendige und klare Sprache. Sie konfrontieren den Leser mit Poppers großen Themen und mit der Vielfalt seines Denkens.

»Wer Popper wenig oder nicht gelesen hat, wird hier einen vortrefflichen Überblick über sein Denken gewinnen.«

Die Presse

05/1236/02/R